フォトジャーナリストの視点

取材現場の実際
フォトジャーナリストを目指すまで
フォトジャーナリストとして生きていく
フォトジャーナリストとしての仕事術
編集者との出会いと写真展開催
世界中で出会って深い人間関係が広がっていくこと
とどくか合うか
私が若くつかの大切なこと

林 典子

雷鳥社

まえがき

フォトジャーナリストが取材活動に専念できる環境は世界的に厳しくなっている。「フォトジャーナリズムの危機」についてのディスカッションは、私がフォトジャーナリストとして活動を始めるずっと前からおこなわれてきたことだ。写真で記録をする行為そのものが貴重だった100年前と違い、今はイラクの山岳部やアフリカの農村地で暮らす人々も、当たり前のようにスマートフォンを使い、撮影した写真や動画をSNSなどに投稿できる時代になった。また、デジタル化によりネットメディアで瞬時に情報を得ることができるようになったことで、伝統的な新聞社や雑誌社などのプリントメディアが以前ほど影響力を持たなくなった。誰もが写真を撮影できる現代において、職業としての写真家やフォトジャーナリストの存り方も変化してきた。そして日常的に視覚的情報が溢れる社会の中で写真の存在意義や価値、フォトジャーナリズムを取りまくさまざまな要素が今もめまぐるしく変容してきている。

このような時代において、フォトジャーナリストは何をどう記録し、どのような手段で伝えていくのかが、これまで以上に問われるようになってきた。誰もがカメラを手に動き回れるようになった今、フォトジャーナリストがカメラを持ち、ただ「緊迫の現場」に立っているということが以前ほど意味を持たなくなっている。

フォトジャーナリズムの在り方そのものも多様化してきている。より多くのオーディエンスに伝えるために、伝統的なフォトジャーナリズムの世界で活動してきたフォトジャーナリストたちの多くもインスタグラムを巧みに取り入れ、自らのスタイルを維持しながら写真を発信するようになった。カメラの性能も年々進化し続けたことで、さまざまな写真表現の可能性も広がった。

つまり写真撮影の技術を高めることはそれほど難しくなくなり、「上手い写真」を撮ることは簡単にできるようになった。そして、一枚ですべてを伝えようとする報道写真だけでなく、フォトジャーナリスト自身のヴィジョンから物語が紡ぎ出されるようなフォトストーリーを発表する手法も、もはや当たり前になっている。その表現手法もさまざまだ。社会が直面する問題に対して写真を用いた視覚表現をおこなう際、「ヴィジュアル・アーティスト」や「ストーリーテラー」という肩書きを使う表現者も多い。速報性が重視されるニュースの現場で「目の前の現実」を記録するフォトジャーナリストも、遠い僻地において一人ひたすら自身のコンセプトに基づいて個人的プロジェクトを進めるフォトジャーナリストもいる。

私がフォトジャーナリストとして活動を始めてから、まだそれほど時間は経っていないが、このわずかな期間の中においてもフォトジャーナリズムが日々変化しているのを感じてきた。「フォトジャーリズムに未来はあるのか?」、という議論が多くされている一方で、私よりも若い世代の子たちからフォトジャーナリストを目指している、という声もたくさん聞いてきた。

日本ではフォトジャーナリズムが不在であるように思う。世界のフォトジャーナリズム業界から孤立していると言わざるを得ないのが現状だ。10年前に語られてきた「フォトジャーナリズム論」は、この時代には通用しないと思っている。この本は、私の「フォトジャーナリズム論」を主張することを目的にした本ではない。あくまでも一人の人間として、私がどのようにフォトジャーナリズムと関わってきかを紹介したいと思った。そして、フォトジャーナリストを目指すまでの個人的な経験や取材活動をする中で感じてきたことを、これからフォトジャーナリストを目指す人たちと少しでも共有できたらと思った。内容について異論もあるかもしれないが、「こういう考え方もあるのか」と一つの視点だと思っていただけたらと思う。

本書に紹介することは、あくまで私が現時点で感じていること。より複雑になっていく社会や変容していく視覚文化に向き合う中で、私自身のアプローチが変わっていく可能性も十分にある。世界に存在するさまざまな問題や人間の営みに、フォトジャーナリストたちはどのように向き合い、表現していくのか……。私自身まだまだ模索中だ。それでも明確に分かっていることは、テクノロジーが発達したSNS時代に生きるフォトジャーナリストにとって、独自の視点を持って対象と向き合い、被写体の背景にある「物語」を伝えることが、より大切になっていくということ。写真がいつの時代も人と社会とを繋ぐツールである限り、フォトジャーナリズムも進化しながら存在し続けていくと思っている。

イラン北部、トルクメニスタン国境近くの村に暮らす女性の自宅での取材中

CONTENTS

013 フォトジャーナリストを目指すまで

世界のいたるところに、様々な人生があることを知る 014
国際関係学・平和構築・紛争解決学を学ぶため、留学を決意する 019
報道の自由がない国ガンビアへ 022
カメラがあれば踏み込んでいける空間があることに気づく 025
ガンビアで出会った二人のジャーナリスト 031
写真は言葉を必要としない。これを仕事にしたいと思い始めていた 034
フォトジャーナリストを目指し、写真を学び始める 038

051 フォトジャーナリストとして生きていく

新聞社・通信社に所属するか、フリーランスを選ぶか 052
フォトジャーナリストとしてご飯を食べていくために 056
セールスツールとしてのＷＥＢ活用術 059

世界のフォトエージェンシー 062
フォトエージェンシー所属への道 065

フォトジャーナリストとしての仕事術 073

日常生活に溶け込み写真を撮る 074
基本は、好きなレンズで撮る 080
レンズ以外の取材時の携行機材について 083
通信手段とSNSの利用法 090
撮影データ、セレクト、画像編集、キャプション作成について 093
タイトル、見出し、キャプションなどにどこまで責任を持つか 096
写真の掲載料について 098
肖像権の問題について最低限意識すること 101
取材対象者に対する謝礼に関するルール 112

取材現場の実際 115

取材テーマとどのようにして出会うのか 116

先入観、固定観念でモノを考えないようにする 118
取材アプローチの実際 120
安全確保のために心がけていること 125
取材のための協力者をどう選ぶか 129
取材対象者から信頼を得るために心がけていること 134
取材対象者との距離 144

編集者との出会いと写真展開催 153

出版社へのアプローチ 154
大切なのは信頼できる編集者との出会い 156
写真展の開催 160

世界中に強くて深い人間関係が広がっていくこととどう向き合うか 163

ボンヘイとの再会、そして別れ 164
サフランボルで出会った女の子、エブラール 176

取材が終わった後の関係 184

私が考えるいくつかの大切なこと

写真は「美しいもの」だけを撮るべきか 190
写真の演出はどこまで許されるか 194
写真家は真実を伝えることができるか 197
フォトエディティング（写真編集）の重要性 199
女性フォトジャーナリストであること 204
フォトジャーナリストが目指していくもの 206
独自の視点で伝える 210
衝撃的な写真だけが何かを伝えられるわけではない 219
写真を通して「想像力を持って世界と関われる人」を増やせたら 231

フォトジャーナリストを目指すまで

世界のいたるところに、様々な人生があることを知る

私は神奈川県川崎市で生まれ、4歳で埼玉に引っ越した。父はサラリーマンで母は専業主婦。二つ下の妹がいる。

ごく普通のこども時代を過ごしたと思うが、5歳直前までは幼稚園に通わず、山好きの母に連れられて毎日のように山登りや公園に出かけていた。家には山で撮られた当時の写真がたくさん残されている。ある時、近所の私立幼稚園への受験を一時考えた両親と面接試験に行ったことがあった。いつもと違う環境に驚いたのか、大声で泣き叫びながら激しく暴れたので、面接をすることなく先生たちに押さえつけられ、手足を固定されて担がれながら、建物の出口まで運ばれていったことがあった。担がれながら周りを見渡した時に、幼稚園の廊下にぎっしり並んだ、同年代の受験生の子どもたちがシラけた表情で私のことを見上げていた光景を今でも鮮明に覚えている。このエピソードは今では家族の中で笑い話になっている。幼稚園は不合格となったので、その後も山に連れていってもらい、結果的に3歳から4歳半までの2年間は、自然の中で育った。

年中組の後半からは、引越しをきっかけに、近所の知人の紹介で埼玉の普通の幼稚園に通うようになった。しかし、最初は集団行動になじめなかった。運動会の徒競走では、みんなと一緒に走るのが嫌で、先生に無理矢理引っ張られてゴールさせられたのを覚えている。ところが、年長組になってからは、だんだんと集団行動に適応できるようになった。翌年の運動会では、リレーの選手にまで選ばれた。青いバトンを持って活き活きと幼稚園の運動場を走る私の姿が写真に残されている。

小学校1年生のときに、白いテリア犬のウエスティを飼い始めた。名前はペル。以降、平日は妹と母と交代で、朝の登校前と下校後に犬の散歩をするようになった。休日には犬を連れて父と車に乗り、荒川の土手まで散歩にいった。その後ペルは17歳で亡くなるまで、私が24歳の時まで家族の一員として一緒に暮らした。

父は趣味ではあるが写真が好きで、子ども時代の私や家族の写真をたくさん撮影し、プリントし、数えきれないほどのアルバムに残してくれている。自宅の庭の駐車場に段ボールを敷き、ペルと妹と一緒におママゴトをしている写真や、11月生まれの私たち姉妹の誕生日を祝うために買ってくれた、大きなショートケーキの前に座り、妹と一緒にはしゃぐ写真、七五三の時に着付けをしてもらうのが嫌で泣きじゃくっている私と、そ

子ども時代、父が撮影したアルバムに
入れられていた、家族の日常の一コマ

の隣で微笑んでいる祖母の写真など、何気ない日常の一コマを記録してくれていた。

ちなみに今年98歳になる、私の祖母は高校時代、夜になると自宅のキッチンに簡単な暗室を作って、撮影した写真をプリントしていたという。祖母が大切にしている手作りのアルバムには、当時可愛がっていた愛猫のトラや友人たちの写真が丁寧に貼られている。どれも今から80年以上前のモノクロ写真だが、黄色がかった黒色の色彩がとても暖かく感じられる素敵な写真だ。今は一人で歩くことができなくなったが、それでも私が写真展を開催すると、必ず母と一緒に車いすで会場に来てくれる。

中学校は引越し先の東京の実家近くの校則が厳しい、中高一貫の女子校に通うことになった。成人の同伴なしでゲームセンターやカラオケに行くことも、登下校中のコンビニでの買い物も禁止だった。当時は自然と反抗心が芽生えたが、今となっては、厳しいながらもさまざまな経験をさせていただいたことを有り難く思っている。フォトジャーナリストになってから、母校で講演会をする機会もいただいたが、その際にはお世話になった先生たちと再会し、懐かしい思い出話で会話が弾んだ。

学校では毎年、生徒全員がそれぞれ関心のあるものを1年間かけて研究し、発表するというユニークなカリキュラムがあった。私は中学一年生の時には「犬の習性」について、二年生の時には「朱鷺」（当時、絶滅危惧種に指定されていた日本産最後のトキが佐渡島に生息していた）について、そして中学3年のときに「映画の歴史」をテーマとして選んだ。その経験がきっかけとなり、高校生になってからは、休日に一人で映画館に通うようになった。私がはまっていったのは、ドキュメンタリー映画。世界のいたるところに、東京で暮らしていた私には想像もできない人生、さまざまな生活があることに関心を持つようになったのだ。

国際関係学・平和構築・紛争解決学を学ぶため、留学を決意する

ドキュメンタリー映画にはまっているうちに社会問題、時事問題にも強い関心を持つようにもなり、将来はＮＧＯの職員などとして国際協力の現場で活動したいと思い始めるようになった。そこで2年間通っていた日本の大学から海外の大学に編入し国際関係学を学ぶ、決意をする。

留学先は日本の大学にあと2年通っていたら必要になっていた費用と同額で通えるアメリカの田舎（ペンシルベニア州）の大学を選んだ。専攻は国際関係学、紛争・平和構築学。国際政治の構図・関係はもちろんのこと、国と国の紛争だけでなく、個人と個人の争い、自分自身の葛藤についてまでがテーマだ。

この大学では学生自身がそれぞれ自分のカリキュラムをつくることができた。もともと英語が苦手で、高校時代にはよく補習組に入れられていた。留学当初は英語でおこなわれる講義の内容がすんなりとは頭に入ってこない。だから、どうしても必死で予習・復習せざるを得なかった。

幸運なことに大学のある田舎の小さな町には娯楽はなかった。そのため、自然と毎日図書館にこもって予習・復習に没頭するより他にすることがなかった。生涯でもっとも勉強をしたのはこの時期である。

ちなみにフォトジャーナリストとして取材するだけであれば中学英語のレベルで十分だと私は思う。中学英語でも自分の思いを伝えることは可能なので、コミュニケーションにおいて一番大切なのは熱意と度胸なのかもしれない。ただ海外メディアの編集者と掲載についてのやりとりをしたり、取材してきたテーマについてのプレゼンテーションをするようなときには、自分の思いを相手に伝える語学力は必要であると思う。自分をよりアピールできるし、取材活動もよりスムーズに進む。撮っている写真に圧倒的な力があれば、「言葉はいらない」ということになるのだが、それでも思っていることが一言も言葉にならない、というのでは海外を視野にした仕事はしにくい。留学時代必死で勉強し、英語をある程度操れるようになったことがフォトジャーナリストとして生きていくための大きな力になったことだけは確かだ。

編入した大学は、全校生徒2000人ほどの小さな大学だったが、60を超える国々から留学生が集まって来ていた。オマーン、セネガル、ナイジェリア、アフガニスタン、イラク、イラン、ロシア、ブルキナファソ、韓国、中国……。ちなみに中東、アフリカからの留学生は全員奨学金制度を利用していた。それぞれが戦争下や厳しい貧困状態の中で必死に勉強し、留学する機会を得た優秀な学生だった。だから彼らは人一倍頑張るのだ。明らかに私とは異なる子ども時代を過ごした彼らの経験を直接知り、一緒に過ごした大学時代、彼らは遠い世界で起きている現実を身近に感じさせてくれる存在だった。卒業後は世界中に広がる信頼できるネットワークとなってくれている。

報道の自由がない国ガンビアへ

2006年、大学3年生の春。私が受講していたアフリカ政治のクラスの教授が募集していた、西アフリカのガンビア共和国での研修に参加することになった。ガンビアは、全土を大西洋とセネガルに取り囲まれたアフリカの西端にある小さな国。国際協力の現場での就職を希望していた私は、将来に活かせる実践的な経験をしたいと思っていたのだ。

ガンビアでの研修は、教授の引率で行政機関（国会、裁判所など）や農村の見学をしたり現地の大学でアフリカ政治についての講義を受けたりするもので、2週間ほどのプログラムだった。ガンビア国民の約60％が1日1ドル以下の生活を送っており、深刻な貧困問題に直面しているのだが、治安は比較的安定していた。そのまま、アメリカに帰ってしまったら「いい国だなあ」という印象で終わっていたかもしれない。

しかし、当時のガンビアは1994年の軍事クーデターで就任したヤメ・ジャメ大統領（2017年1月、赤道ギニアに亡命）の独裁政権下にあり、報道・言論の自由が制限されている国だった。政権に批判的な人物への拷問や違法逮捕、国外追放といった人権侵害がおこなわれているとして、国際人権団体などから厳しく非難されていた。

私は、プログラム終了後もガンビアに残り、当初は現地の小学校やＮＧＯでボランティア活動に参加していたが、１週間後には現地の新聞社で働かせてもらうことになった。報道規制のある環境の中で現地のジャーナリストたちがどんな思いで仕事をしているのかにも強い関心を抱くようになっていたのだ。

独立系の新聞社である「The Point」で働きたいと思った私は、新聞社に直接出向き、編集長に「ここで働きたい」と直訴した。仕事の内容ははっきりいって何でもよかった。ただ現地の記者たちの活動を間近で見たかっただけなのだ。

新聞社で働けるような知識も経験も何もなかったが、一眼レフカメラを持っていたことが、採用の決め手になった。採用の際に作品を見せることも写真の技術を試されることもなかった。実は、この新聞社には所属のカメラマンがいなかったのだ。そのため、写真が必要なときには外部のカメラマンをその都度雇っていたのである。アフリカ研修の１年ほど前、写真に興味を持ち始めていた私は日本の写真の学校で３日間の旅写真のコースに通い、先生の勧めでニコンのフィルムカメラＦＭ３Ａを購入、持参していたのだ。その後ガンビアに行くまでの間にこのカメラを使ったのはたった一度だけだった。当時は写真の奥深さなどまったくわかっていなかった私だが、この「The Point」での経験こそが、フォトジャーナリストとして歩みを始めるきっかけとなったのである。

カメラがあれば踏み込んでいける空間があることに気づく

　ガンビアでのジャーナリストの立場は、けっして恵まれたものではない。経済的に優遇されているわけでもなく、社会的に高い評価が与えられているわけでもない。多くのガンビア人にとっては、目の前にある自分の生活こそが最大の関心事だからだ。それでも、「The Point」で働く記者たちのほとんどは、報道・言論の自由が制約されている中、強い熱意を持って仕事に取り組んでいた。当時、何がやりたいかもわからず漫然と就職のことばかりを気にしていた私にとって、自身の生き方に意義を見いだし、ひたむきに仕事に打ち込んでいる彼らの姿は大きな刺激になった。

　2006年7月、私はガンビアから日本に帰国した。9月からの大学の秋学期は休学しアルバイトをしながら、再びガンビアを訪れるための費用とデジタルカメラを買うための資金を手にしたかったからだ。

　私は、「The Point」のスタッフの一員として写真撮影に携わっていく中で、写真の面白さに魅了され始めていた。カメラを介することで、そこに暮らす人々の文化や生活により深く関わることができるということに気付いたのだ。カメラがあればこそ、踏み込んでいける空間（物理的にも心理的にも）がある。

今考えてみれば、持参したカメラがフィルムカメラであったことも、よい結果に導いてくれた要因かもしれない。当然の話だが、フィルムカメラの撮影にはフィルムが必要である。私がガンビアに持ち込んだフィルムはたったの10本だけだった。1本36枚撮りのフィルムだったので、撮影可能枚数は最大で360枚。当時の私は、ガンビアでもフィルムを購入できるということさえ、思いつかなかったのだ。

でも、それがよかった。私は1枚1枚の写真を慎重に、そして自由に撮った。人も風景もモノもきちんと見ようとし、さらに深く知ろうとする。当時撮影した写真を見返してみると、「作品」というには物足りない、いたって「普通」の風景なのに、フレームの中には写されていない周囲の光景や、シャッターを押したときの感情が自然と思い出されてくる。それほど1枚1枚の写真に注意深く取り組んでいたのだ。

2か月半の滞在中にガンビアで撮影したネガフィルムの一部は現地で現像・プリントしてみた。モノクロとカラーの中間みたいな、なんだか奇妙な写真ができあがったが、とても愛おしく感じられた。

私は、それまでにある特定の写真に感動したりしたこともなく、当然フォトジャーナリストを目指したこともなかった。それでも奇妙で愛おしい写真たちを見ていると、なぜだか写真への強い思いを持つようになっていった。

アルバイトで貯めたお金で私はデジタルカメラのニコンD80を購入した。当時のニコンの最上位機種ではなかったが、その頃の私には十分な性能であったように思う。

2007年1月、大学の春学期には復学し、5月の夏休みになって、再びガンビアを訪れることにした。

夕暮れ時、湖畔を移動する牛飼いの少年（セネガル）

セネガルのゴレ島の風景

ガンビアで出会った二人のジャーナリスト

約1年ぶりに訪れた私を「The Point」の記者たちは快く迎え入れてくれた。今回は360枚という撮影制限はない。より積極的に取材撮影に励んだ。

そして、記者たちと過ごす時間が多くなったことで、彼らのうちの幾人かは、本音を明かしてくれるようにもなった。

その一人、記者ジャスティスからは、仕事の後に会社からかなり遠いところにあるカフェに誘われ、ガンビア国内で記事にできない情報は全部アメリカの「Freedom Newspaper」に送っている、という話を聞かせてもらった。

「Freedom Newspaper」は、ガンビアからアメリカに亡命したジャーナリストが立ち上げたオンライン新聞である。このオンライン新聞では、ガンビア政府の汚職や人権問題に関するニュースがとりあげられている。ガンビア国内ではけっして報道できない内容だ。掲載記事はすべてペンネームで書かれてはいるが、この事実をガンビア政府に知られることになれば、大変なことになる。まさに命がけの行動だった。

私に本音を明かしてくれた「The Point」のもう一人の記者ハビブは、もともと2006年に政府によって閉鎖された「The Independent」で働いていた。ある日、彼は閉鎖されたオフィスの跡地に私を連れて行ってくれて、熱い思いを語ってくれたことがある。「経済的に余裕があったら、家でも車でもなく、新聞社をつくりたい。そして、たとえ1日で潰されてもいいから、書きたいことを全部書きたい」と。

ハビブは、政府の汚職やガンビアのジャーナリストたちが直面している厳しい現実を切々と私に訴えたことがある。そして、ガンビアの抱える様々な問題、例えば、貧困、児童労働、人身売買……、の現場に私を同行、取材の仕方を教えてくれた。

ハビブは私がガンビアを去ったあと、新しく創刊された新聞「Today」で働き始めた。彼とは月に数回のメールで近況を報告しあった。当初は前向きな様子のメールが多かったが、時の流れとともに、同僚が治安妨害の罪で告訴されたとか、ハビブ自身がNIA（国家情報庁）に呼び出され尋問されたとか、不穏な内容のメールに変化していった。

そして2008年11月25日、ハビブの友人と名乗る何者かから、ハビブの死を知らせるメールが突然届くのである。私のメールアドレスをどこで知ったのか、今でも不思議である。ハビブはこのとき、まだ27歳だった。彼の死はガンビア国内の多くのメディアが報じたが、具体的な死因は書かれていなかった。

ジャスティスの状況も深刻なものになっていた。彼が「Freedom Newspaper」に記事を送信していたことが、政府に知られることになった。2008年7月1日、彼はガンビア陸軍の靴を履いた男にナイフで襲われる。身の危険を感じた彼は、ガンビアを去り、セネガルへの亡命を果たした。事件から3日後のことだ。

ガンビアで出会ったこの二人の人生観は私の生き方に大きな影響を与えたと思っている。彼らと一緒に過ごした日々はあまりに衝撃的だった。ある日、ジャスティスは私にこう言ったことがある。

「ガンビアの平均寿命を知っている？　50代半ばなんだよ。僕の人生もあと20年だと思うと、やりたいことを実行していかないとね。すごく焦るんだ」

写真は言葉を必要としない。これを仕事にしたいと思い始めていた

ガンビアでの滞在が残り少なくなってきたころ、私はハビブやジャスティスの思いをなんとか記事にできないかと思うようになっていた。英語で記事を書くという慣れない作業は、けっして簡単なことではないと思いつつも、日本人だからこそ伝えられることもあるのではないかと考えたのだ。インターネットカフェに数日間こもって書き終えた新聞1ページほどの記事を、もう一つの独立系新聞「Foroyaa」で掲載していただいた。

「The Point」紙は、ガンビアのジャーナリズムが直面する現実をそのまま訴えた内容に、たとえ寄稿者が外国人であっても「掲載は難しい」と判断した。しかし、同僚の記者に紹介してもらった、「Foroyaa」の編集長はリスクを覚悟しながらも掲載を決断してくれたのだ。私は記事を書くことで、その影響力がたとえ微々たるものであったとしても、ガンビアでお世話になったジャーナリストたちに感謝の気持ちを伝えたかった。

言葉には力がある。書くことでなにかを伝えることはとても大切なことだ。言葉を介することで、より深く相手のことを知ることもできる。

それでも、私は写真に関わる仕事をしていきたいという方向に気持ちが傾いていた。写真には言葉が必要ない。カメラを介することでより深く相手の懐に飛び込むことができる。言語を介することなく、相手になにかを感じてもらうことができる。ガンビアを離れようとしたころには、写真に関わって生きていこうと考え始めていた。再びガンビアで「**The Point**」の記者たちと一緒に働く姿を思い浮かべることで、写真に対するモチベーションが高まったのである。

２００７年12月、大学を卒業、日本に帰国した。就職活動はしなかった。写真を撮っていくことを仕事にしたいと思い始めていたのだ。

ガンビア共和国「The Point」紙の社屋

「The Point」社内にて、スタッフが一晩かけて新聞を印刷する

お世話になった、「The Point」紙の記者ハビブと社内の庭で。
翌年 2008 年、ハビブは自宅で死亡しているのが発見された

フォトジャーナリストを目指し、写真を学び始める

自由に行動するためには経済的に自立していなくてはいけない。卒業後、帰国してからしばらくは、ほとんど写真を撮らず、一時的な編集アシスタントや短期のアルバイトなどの仕事にあけくれていた。どうやってフォトジャーナリストとして生活していくのか、あれこれと悩んでいた時期だ。それでも、ガンビアでの充実した経験以外に何のコネも実績もない私が取材活動をスタートするために、お金が必要であるということだけは認識していた。徹底的な節約生活を続け、お金を貯めこんだ。

2009年春、写真の基本的な技術・知識を学ぶため、渋谷駅前の写真の学校に入学する。コマーシャルフォトのためのレンタル撮影スタジオが設立した、週3コマ1年制の学校である。「プロの使う機材、プロの使うスタジオで、プロスタッフとともに実習する」が特長の学校で、多くのコマーシャルフォトカメラマンを輩出していた。

私はカメラマンとして就職をすることも考えてはみたが、ファッション写真やコマーシャルフォト、事件を追いかけるようなニュース写真には関心が持てなかった。日々の授

業は「写真でお金を稼いでいく」ということに、まっすぐつながっているのだろうけれど、私にはピンとこないところもあった。人から依頼を受ける仕事だけではなく、自分でテーマをみつけ自分のペースで取材撮影するフリーランスの写真家になりたい、と気持ちが固まっていたのだ。ただ、講師の中にも、コマーシャル撮影に携わりながら、自分のテーマを追いかけ続けている方もいて、たくさんの刺激をもらったと感謝している。

渋谷の写真学校の授業だけでは飽き足らなくなっていた私は、自分を成長させてくれる何かに出会いたいと積極的に国内外でのワークショップ情報を検索していた。そこで見つけたのが「アンコール・フォト・フェスティバル＆ワークショップ」だった。対象はアジアの若手写真家で、ポートフォリオの提出者の中から選抜された人が参加できるというものである。交通費は自分持ちだが、参加費と宿泊代は無料だ。ガンビア、リベリア（ガンビアからアメリカに帰る途中2週間ほど滞在）で撮影した写真をポートフォリオとして提出した。私は２００９年11月、カンボジアを訪れる。

参加者は30名ほど。日本人は私一人だった。講師陣はマグナム会員のフランス人写真家、スペイン人の女性フォトジャーナリスト、元ＡＰ通信社のフォトエディターなど多彩な顔触れだった。20人ほどの生徒は四つのチームに分かれ、講師から指導を受ける。

1週間毎日同じホテルに泊まり続け、それぞれがテーマを持って撮影し、撮影後にディスカッションの時間を持つ。講師も生徒の多くが英語を母国語としていない人たちなので、コミュニケーションはとりやすかった。

毎日撮った写真の中から、写真を選んでいく。生徒自身もセレクトをするが、講師もセレクトする。議論をしながらセレクトを続け、最終的には12枚の写真を選ぶところまでいくのだ。12枚の写真にはストーリーが必要だ。写真は撮ることだけが大切なのではなく、選ぶこと、並べることも大切なのだ、ということに気付かされたワークショップだった。

2010年にはイスタンブールで開催された「ファウンドリー・フォトジャーナリズム・ワークショップ」というワークショップにも参加した。このワークショップには直接会って話しを聞いてみたいと思うフォトジャーナリストが何人も講師をすると知り、絶対に参加したいと思ったのだ。

このワークショップはかなり実践的な内容だった。講師による講演もあれば、パネルディスカッションも毎日ある。写真編集についてだけではなく、フォトジャーナリストとして生きていくこと、取材テーマとの向き合い方などについて幅広く学ぶことができた。

100人ほどの参加者のほとんどは欧米からだった。東アジアからの参加者は私以外一人もいなかった。他の参加者たちが夜になると撮影を切り上げ、皆で飲みに出かけていく中、私は必死に取材を続けていた。取材対象者の家に泊まり込んでいたため、講師とのミーティングやトークセッションに参加できないことも何度かあった。そのため私の講師であった、当時「ワシントン・ポスト」の女性フォトジャーナリストとは取材先の家から電話でコミュニケーションを取った。「まだ今日の取材が終わらないので帰れません」と伝えると、彼女も「取材が一番大事だから、納得するまでそこに居た方がいい。帰ってきたらいつでも時間を作って写真を見るから」と返事をくれた。取材をすることに対する強いモチベーションに私自身が驚いていたくらいだった。

この頃、私の中で「フォトジャーナリストとして続けていけるかもしれない」と小さな自信が芽生えた。

取り壊しが続くスルクレで生活するロマの一家。マスン・ドルゴン（30歳）と妻のドネ（31歳）、
長女スディッカ（12歳）、次女セルゲイ（10歳）、長男アリ（6歳）。築300年を超える家の前で。（トルコ）

自宅が取り壊され、引っ越した先の自宅前で鶏の羽根をむしるロマの子どもザラとポラット。肉は業者に渡し、報酬として数羽を受け取る。

家を追われたロマ一家。小さな空間で身を寄せ合って暮らす。バイオリンを弾く、ギョウスン(20歳)と音に合わせてダンスをする弟のポラットとシェレフ

スルクレを追われ、引っ越し先の家で息子のブルグンに母乳を与えるアイセル（40歳）。「夫は仕事を失い、６人の子どもたちをどうやって育てていけばいいか不安です」

フォトジャーナリストとして生きていく

フォトジャーナリストとして生きていく

新聞社・通信社に所属するか、フリーランスを選ぶか

日本の大手新聞社、大手出版社社員の収入は恵まれているといっていいだろう。新聞社記者、通信社記者は生活できるのである。ところがフリーランスのジャーナリストは定期的な給料収入はない。多くの日本人フォトジャーナリストは自前で取材に出かけ、撮ってきた写真を日本のメディアに買い取ってもらうというスタイルで収入を確保する。このような場合、取材経費は数十万円、掲載料は数万円（あるいは、発表できなければ0円）ということになることも多い。だから、フォトジャーナリストの多くは、日本でなにかしらの仕事をして取材費をつくり、海外取材に出かけ、日本に帰ったら再びアルバイト生活に明け暮れるという人も少なくないのだ。

それでも、私の場合は、通信社・新聞社への所属、就職は考えなかった。その理由は、単純に私が目指していた取材のスタイルや方法はフリーランスでしかできないからだった。通信社や新聞社が日々追いかけるニュース取材には私はそこまで関心がなかった。取材するテーマを決め、誰からも「もう取材を切り上げていい」と言われる心配もなく、

私自身が時間を決めて現場を取材をして回りたいと思ったからだ。そして、発表をする際には写真はもちろん、取材してきたテーマの伝え方などは私自身で責任を持つことになる。

ちなみに日本の新聞社には相当数の社員カメラマンが在籍するが、海外の雑誌社や新聞社に所属する社員カメラマンは極めて少ない。日本の新聞社の社員カメラマンの数を知ると海外のジャーナリストたちは一様に驚く。海外の媒体では、その現場に応じて適任のフリーランスのフォトジャーナリストに取材撮影を依頼するというスタイルをとることが多いからだ。

通信社などのカメラマンを目指してニュース報道（例えば「総理大臣の記者会見」「築地の初セリ」「富士山頂での初日の出」のような写真）を中心にやっていくか、自身のテーマを追っかけるフリーランスのフォトジャーナリストを選ぶかは、人それぞれである。

海外通信社の社員カメラマンの中にも、ある程度経験を積んで自分の選んだテーマの取材に時間とお金をつかえるフォトジャーナリストもいないわけではないが、そういう立場で活動できるのは社員カメラマンの中でもごく限られた一部の人たちであると思う。

もちろん、経済的に安定しない環境の中で長期的な取材をすることなどリスクがありすぎてできないという人もいるだろうし、先の見えない取材よりは動きのあるニュースの現場で取材する方が自分には合っているという人もいるだろう。

経済的安定を第一に考えるなら、あるいはニュース報道を追いかけたいと思うなら、正面切って、通信社・新聞社の写真部への就職試験に挑むという手もある。

または経済的安定を求めなくても、ニュース報道に関わりたいと思えば、報道のニュースの現場に飛び込んでいって、現場で人間関係を築いていくという方法もあるかもしれない。私の海外の友人の中には、フリーランスとして現場に向かい取材活動を続けてきたことがきっかけで、現場で度々顔を合わせていた海外通信社のチーフフォトグラファーに写真のクオリティーも取材力も認められ、その通信社のスタッフフォトグラファーになった人もいる。

私はニュース報道を取材することに重点を置いているわけではないが、正直私の人脈も、フォトジャーナリストとして私が所属しているフォトエージェンシーを通じて広がったものより、取材現場で築かれたものの方が大きくて強い。取材内容によっては、取材地で一度も同業者に出会わない地域もある。キルギスで取材をした5ヶ月の間は一度も記者やフォトジャーナリストに出会うことがなかった。一方で、パキスタンでは何人ものフォトジャーナリストたちと出会った。通り一遍の挨拶だけをして別れる人もいれば、同じ現場を経験することで、同じものを見、それについて話し合う機会をもつ関係になるフォトジャーナリストたちもいた。当然、お互いより深く知り合うことになる。その後、何年経っても友人関係は続いていくことが多い。

もちろんフォトエージェンシーが私を新しい現場に誘ってくれたりもするので、どちらが大切という話ではない。

フォトジャーナリストとしてご飯を食べていくために

どういうアプローチをしていけば、フォトジャーナリストとしてご飯が食べていけるようになるだろうか。食べていくことが目標になってしまうと難しいと思う。写真でお金を得るということにこだわってしまうと、最初の時点で挫折してしまいかねない。なかなか食べていくことができず、諦めてしまうことになってしまう。私が写真を始めたばかりの頃、先輩ジャーナリストからかけてもらったのは「続けていくこと。それこそがフリーランスがもっとも必要とする能力だ」という言葉。大変でも続けていかなければ、なにも見えてこないし始まらない。自分がどういうスタンスでやっていくのか、確固たる自分を持っていることが大切だと思う。

例えばテレビなどに多数出演して有名になれば収入には繋がるだろうが、それが目的になってしまってはいけないと思っている。あくまで、取材と発表活動に集中したい。良くも悪くもテレビは影響力が大きい。そういう意味ではマスメディアとのつき合い方は自分自身が冷静になって、コントロールしなければいけないと思っている。

取材してきたものを発表することを目的にラジオやテレビに出演することはある。取材をしてきた問題に対する私の思いを尊重し、その上で番組を制作していただいたテレビ局やラジオの担当者の方々は何人もいる。そういう方たちとの繋がりは今後も大切にしていきたい。

フォトジャーナリストが自活していくためには、海外メディアへの積極的なアプローチも大切だ。日本に限らず、世界中のフォトジャーナリストが仕事の現場を失いつつあるのだが、その傾向は日本において顕著である。掲載料は雀の涙程度。けっして、渡航費用や取材経費、日々の生活費のすべてを賄えるような額ではない。

フォトジャーナリストに仕事を依頼すれば交通費や宿泊費などの取材経費を負担し、撮影報酬まで支払わなければならない。だからフリーのフォトジャーナリストに対しては「いいものがあったら買う」という関係になる。

私は自分の取材がある程度のカタチになったら、海外メディアに積極的に送るように心がけてきた。通常は仕事で知り合った編集者やライターに「最近、こんな写真を撮りました。見てもらえますか」というメールを送るのだが、「これ」と思ったメディアにはツテも通さずメールを送ることもある。実を結ぶこともあれば、実を結ばないこともある。結果として、私への仕事依頼は海外からのものがほとんどといっていい。フォトエージェンシーからの仕事、欧米メディア（雑誌や新聞社）からの取材依頼のアサインメント、取材現場で知り合ったフリーランスライター、編集者からの仕事ということになる。

私は念願かなって希望のフォトエージェンシーの一員にはなれたが、エージェンシーを通じてやってくる仕事は全体の2、3割程度。エージェンシーの所属になれば、それだけで生活が保障されるわけではない。

フォトジャーナリストの中には、取材とは別に、海外メディアの編集部に挨拶するためだけに出かけて行くという人もいる。撮っている写真に関心を持ってもらえなくても、この行動は必ず何かに繋がっていくと思う。

セールスツールとしてのWEB活用術

フォトジャーナリストとして活動していくためにWEBサイトは大事だと思う。私に連絡をしてきた海外の編集者の中で、実際に会ったことがあり顔を知っている人は数人しかいない。もちろん人の紹介などで連絡してくるケースもあるが、そうであったとしても基本的にはWEBサイトにある私の写真やこれまでの仕事に目を通してから仕事を依頼してきてくれる。

つまり、WEBサイトに掲載する写真は、フォトジャーナリストにとっては、きわめて重要だ。雑誌掲載、写真展、写真集。どこに掲載する写真も大事であることに違いはないが、もっとも手軽に容易に、写真を見ることができるのがWEBなのだ。

依頼をされて撮影をした写真が編集者にとって「できの悪い写真」だったら、その編集者が関わっている雑誌や新聞媒体からは二度と仕事は来ない、という緊張感を持って仕事には取り組んでいる。依頼を受けた仕事に最善を尽くし「ベストの写真」を撮り続けていくことが、次の仕事へと繋がっていくのだ。時には天候や取材先の撮影条件、それ以前に私自身の力が足りず納得できない撮影をしてしまうこともある。

アメリカのある大手新聞社からのアサインメント（仕事の依頼）を受けた際には、フォトエディターから「完璧なポートレート写真を撮って来てくれ」と言われたりすることもあった。「完璧なポートレート写真って何？」と思ったりもするが、最終的には私の感覚に任せてくれる。意識的にプレッシャーをかけてくる担当者もいるのだ。

私自身のプロジェクトの場合、写真の撮り方もアプローチの仕方もすべてを私自身で決めている。一方で、アサインメントを受ける際には、フォトエディターが何を求めているのかも確認するようにしている。

フォトジャーナリストの多くは、こういったアサインメントと自分自身のプロジェクトの両方をバランスを考えて仕事に取り組んでいる。自身のプロジェクトの〆切りは自分で決めるし、経費も自己負担。一方、アサインメントは〆切りが決まっていて、経費も媒体が負担してくれる。媒体への掲載も最初から決まっているので、収入がゼロということにはならない。食べて行くためにアサインメントは必要だし、時間的な制限、フォトエディターの求める取材をすることで、それまでの自分自身の視点とは違った新しい学びもある。それでもフリーランスのフォトジャーナリストの多くは自分自身の個人のプロジェクトを優先して活動していると思う。

私の所属するフォトエージェンシーは欧米の雑誌、新聞などのメディアには強いが、日本ではそうでもない。日本では100パーセント私自身が直接編集者とやりとりをしている。ちなみに私が個人的に取材をしてきたテーマの写真やそれについての原稿を掲載していただくことはあっても、日本のメディアからの仕事依頼はこれまで一度もない。日本では各社にすでに大勢のカメラマンがいるのも大きな理由だと思う。日本と海外、それぞれの国の媒体との関わり方も違うのだ。

世界のフォトエージェンシー

海外のフォトエージェンシーに所属するのも一つの方法である。

私も所属しているロンドン拠点のPanos Pictures（以下Panos）と繋がったことがきっかけで、多くの海外メディアと接点を持てるようになった。

フォトジャーナリストが所属するフォトエージェンシーは、Panosの他にもNOOR、VII、Magnum Photo、VUなど、世界中にあり、それぞれのエージェンシーに特徴がある。

フォトエージェンシーはいわゆるフォトジャーナリストや写真家のマネージメント事務所である。写真の売り込みや掲載料の交渉をしてくれる。所属する写真家はみなフリーランスなので、毎月決まった給料があるわけではない。仕事の依頼以外にも、エージェンシーは写真家個人が撮影してきたテーマのフォトストーリーを個人では売り込むことが難しい出版社・新聞社に繋げてくれ、結果的に掲載してもらうということもある。有り難い存在である。

一方で、あえてエージェンシーに所属しないフォトジャーナリストや写真家も多い。

すでに個人的に編集者や雑誌媒体との繋がりがあったり、単に個人で活動する方がいいと考えるフォトジャーナリストがいるのも確かだ。フォトエージェンシーに所属したいか、したくないかはそれぞれの判断による。

私の所属するPanosの所属写真家は世界中に80名ほど。各地域に点在する写真家の中で、日本に在住しているのは現時点では私と友人のフランス人写真家だけである。Panosを通じて日本国内での撮影の依頼があれば、私たちに仕事が回ってくる。

もちろん、海外からの撮影依頼はすべてエージェンシーを通すというわけではない。HPを見て直接メールを通して連絡してきてくれる媒体、知人の紹介などももちろんある。正直日本のフォトジャーナリズム業界を中心とした写真界は、世界の写真界から孤立していると思っている。フォトジャーナリストとして世界と繋がっていこうとするのであれば、フォトエージェンシーに所属することも一つの有効な手段だ。

「フォトエージェンシー」で検索すれば、世界中の様々なフォトエージェンシーの名前が出てくるはずだ。もちろんそれぞれのエージェンシーにはそれぞれの所属条件がある。

基本はポートフォリオを送って審査されるという選考方法だろう。どのエージェンシーもホームページを開設しているので、コンタクトすること自体は難しくない。直接オフィスを訪ね、写真を持ち込む人もいるだろう。突然訪ねてきたカメラマンを誰もが大歓迎するわけではないが、ときには優しく対応してくれる人と出会えることもあるかもしれない。

エージェンシーによっては所属するフォトジャーナリストを募集することもある。そのときは応募要項にのっとって応募すればよい。私がPanosに所属することになったのも、Panosが所属フォトジャーナリストの募集をしていたのが、きっかけである。最初の応募ではOKとならなかったが、応募したことで、Panosとの繋がりができたのだ。そしてその後、連絡を取り続け何度も写真を見てもらったことで所属するに至ったのである。

フォトエージェンシー所属への道

２０１１年の3月12日の夜。パキスタンで起きた洪水の取材で一緒に動いたことのある友人でロイター通信のチーフフォトグラファーと偶然再会した。彼は東日本大震災の取材で日本に駆けつけていたのだ。

そのとき「ノリコ、Panosに入りたいと言ってたよね、あれはどうなったの？」と声をかけてくれた。先方から返事がない旨を伝えると、これから被災地に行き、取材をする予定であることを伝えるようアドバイスされた。私は東北へ向かう車の中からPanosに連絡をとった。すると、すぐに返事が来て震災の取材をすることになったのだ。ドイツの週刊誌「デア・シュピーゲル」（ニュース週刊誌ではヨーロッパ最大の発行部数を誇る）の仕事だと言われた。私は宮城、岩手、福島に滞在して、約1か月の間写真を撮り続けた。そして毎日写真をイギリスのエージェンシーに送り続けた。1枚1枚に英語のキャプションをつけ、少ないときで20枚、多いときは50枚～１００枚の写真を送った。1日のアサインメント料が数百ユーロ。移動交通費、タクシー代、宿泊費や食事代などの滞在費は別途支給される。領収書はすべてスキャンしてインボイス（請求書）をつくり、メールで送った。それだけの経費をかけて、「デア・シュピーゲル」に掲載される写真はわずか3～4枚。ドイツのニュース報道は、写真にここまでお金をかけるのかと驚いた。私の他にも、中国からイギリス人フォトジャーナリストも現地入りしていた。

私は普段はあまりニュース現場の取材はしない。それでも、たくさんのジャーナリストが集まる現場を取材することで、結果的に他の写真家、ジャーナリストたちとのコネクションができ、他人の仕事のやり方が勉強になることもあった。特に同じフォトジャーナリストと現場をともにすると刺激を受けることが多い。同じ現場で撮影しているのに、思いもよらぬアプローチをする人もいる。写真セレクトの方法、考え方も人それぞれ違うのだ。

それ以後、しばらくはPanosからの仕事が中心となった。また「デア・シュピーゲル」の編集者から直接仕事の依頼も来るようになった。ただ、あくまでPanosを通して仕事依頼をしてくる編集者もいるので、フォトエージェンシーを通すかどうかはそれぞれの編集者の考え方によるようだ。

その後アメリカの新聞、フランスの雑誌の仕事など、Panosの担当者から直接仕事の連絡をもらうようになっていた私は、もうすっかりPanosの一員になっていたつもりでいた。

ある日、勇気を出して訊いてみた。「あの新しい所属カメラマンの募集の件どうなったんですか」と。そのときは「応募者が多すぎて、まだ決められないんだ」という答え。当然選ばれるものと思っていたのに、2011年8月に発表された4人の新所属者中に私の名前はなかった。ただ「残念だな」と落ち込んでいる暇もないくらい、仕事の依頼が増え続けていた。私自身も東北の取材を続けていかなければいけないという思いが強く、正直エージェンシーへの所属のことは忘れかけていた。自分は自分のやるべきことをやり続けていくしかない。

2012年7月、一度東北から離れ、キルギスでおこなわれているであろうアラ・カチューの取材に出かけた。学生時代からずっと関心を寄せていたアラ・カチューの取材をするので、日本を留守にすることをPanosには報告しておいた。取材期間中は取材に集中していたため、Panosには一切連絡をしなかった。また、日本での取材依頼の仕事があっても、キルギスでの私自身の取材を優先し、日本に帰国することは考えなかった。

キルギスから帰国した2012年の暮れ、Panosの編集者から近況を尋ねる連絡が来た。そして、編集したキルギスのストーリーをPanosに送った。その直後、すぐに返信があり所属が決まったのである。

雨が降る被災地を歩く男性（宮城県南三陸市）

上　道路に押し上げられた漁船（岩手県釜石市）

下　津波の被害を受けた家屋（岩手県大船渡市）

フォトジャーナリストとしての仕事術

フォトジャーナリストとしての仕事術

日常生活に溶け込み写真を撮る

カメラは常に何台も同時に持ち歩いているわけではない。取材の内容による。例えば東日本大震災やパキスタンで取材した大洪水のような大きなニュースの取材の現場だと、大きなカメラを何台も抱えて歩いているカメラマンに違和感はないので、私も2台のカメラを持ち歩いていたこともある。ただ、そうでない取材の現場には大きなカメラを何台もぶら下げて出かけたりはしない。

もちろん、カメラが壊れる可能性もあるので、予備のカメラはどこの取材先にも持参はする。ただ撮影をする際には1台のみを手にしていることが多い。しかも、事故現場や災害、記者会見のようなニュース素材の撮影のとき以外は、カメラをバッグから出して持ち歩くようなこともほとんどしない。できるだけ、カメラはバッグの中にしまっておくようにしている。

私がおこなっているプロジェクトの取材では、いかにもカメラマン然としていることを避けたいと思っている。当然、カメラマンベストのようなものは着ないし（実際着ている人はほとんど見たことがない)、できるだけ自然体でいることを心がけている。できれば普段着(あるいは現地の女性が着ているような服)で、そこで生活している人々の中に溶け込むのが理想だと思っている。

パキスタンで夫から家庭内暴力の延長で硫酸をかけられた被害者の女性の取材をしているときに、彼女が生まれ育った田舎の村を訪れたことがあった。そういう場所に外国人がいるだけでも違和感がある中で、さらに大きなカメラバッグやカメラを常に肩からぶら下げて歩くというのは、避けたいと思った。結果的に取材がしにくくなるだけではなく、私の取材を受け入れてくれている女性たちに対する村人たちの目もどこでどう変化するか分からない。

普段外国人が訪れない村で、目立ってしまうのは仕方がないが、できるだけ静かに謙虚に取材をすることを心がけているということを村人たちに知ってもらうことも必要だった。そうでないと取材をしている彼女にも迷惑がかかるからだ。私の取材現場では何はともあれ目立たないということが大事だと思う。

着替えもシャンプーや石鹸のような生活用品も必要最低限のものだけ持参し、足りなければあとは現地で購入するようにしている。取材先によっては、入浴はもちろんシャワーも浴びられないということもあるし、洗濯だってままならないこともある。でも、シャワーを浴びられなくても、洗濯ができなくても、命にかかわる問題ではない。なんとでもなるものは、それほど気を遣ってもしかたないのである。

カメラを持ち歩くためのバッグも、いかにもカメラマンのバッグみたいなものは使わない。最近よく使うのは大きめのトートバッグ。リュックよりもカメラを取り出しやすいからだ。だから移動のときにはリュックにカメラを入れていても、取材の現場にはカメラをトートバッグに入れ替えて行くことが多い。

取材対象者の家に泊まらせてもらっているときも、取材対象者と街を歩くときも、普段着でトートバッグの方が現地の人たちに溶け込みやすい。ただ大きなニュースの現場などでは、動きやすいカメラバッグで行くようにしている。ともかく、状況に応じた格好であることが大切なのである。

食事に関しては、取材対象者と一緒のときは、彼らと同じテーブルで同じものを食べる。ホテルやゲストハウスに滞在しているときは、当たり前だが好きなものを食べる。

もともと好き嫌いはかなりあるほうで、基本的には魚と肉が苦手な私はシンプルに野菜や果物を食べていることが多い。でも、それだけでは飽きてしまうので、日本から乾燥みそ汁やふりかけなども持参するようにしている。海外でも白いご飯を食べられる国は結構ある。毎日パン食には耐えられないのである。時々食べる日本食が元気の源になるのだ。

私はトイレ、シャワー、風呂などの環境でストレスがたまることはない。トイレはどこでも問題はない。約1週間シャワーを使えなくても、なんともない。ところが私にとって食事はストレスの原因になってしまうのである。

ストレスの原因は人それぞれだ。フォトジャーナリストはどうしても過酷な環境で長期にわたる取材が多くなる。自分なりのストレス解消法については工夫したいところだ。

お世話になっていた家で、
外出前にブルカ（全身を覆う女性の衣服）を着る
（パキスタン）

洪水の取材中、
対岸まで移動する際にタイヤを貸してくれた村人
(パキスタン)

基本は、好きなカメラとレンズで撮る

はじめて私が手にしたカメラはニコンのＦＭ３Ａ。アフリカで愛用したフィルムカメラだ。以降、取材ではニコンのカメラを使ってきた。レンズもたくさんは持って歩けないので、何本かに絞っている。時間をかけ、ゆっくり考えて撮れる状況なら、ニコンの35㎜の単焦点レンズをよく使う。いままで私が取材撮影させてもらってきた場所は、家の中が狭く、裸電球一つで生活をしていて、暗いということが多かったからだ。どうしても明るいレンズ（開放値の小さく、暗い場所でも撮影可能）で撮らざるを得ない。なので広角ズームレンズ17㎜－35㎜（Ｆ２・８）を使うこともある。

時間的に制約があるようなニュース素材の撮影の現場だと、やはり便利なので広角標準ズーム（24㎜－70㎜、Ｆ２・８）も使用する。これだと交換レンズを持たず、カメラ１台、レンズ１本で１日中動き回ることができるからだ。標準望遠レンズ70㎜－２００㎜（Ｆ４）、単焦点レンズの50㎜（Ｆ１・４）も持ってはいるが、ほとんど使うことはない。だから、基本的に撮影は35㎜（Ｆ１・４）、17㎜－35㎜（Ｆ２・８）、24㎜－70㎜（Ｆ２・８）の３本のレ

ンズでおこなっているといっていいだろう。

ちなみに標準望遠レンズ（70㎜－200㎜）がF2・8でないのは、大きすぎ重すぎで、私には使いづらいからである。ただし、レンズも壊したり、故障したり、紛失したりする可能性があるので、予備のレンズも持参するようにしている。

取材の現場はハードな状況も多く、レンズを落としてしまうようなこともあるからだ。先日も取材現場で24㎜－70㎜を壊してしまったのだが、普段は絶対使うことのない24㎜－85㎜（F3・5－4・5）を念のためにバッグに忍ばせていたので助かったという経験もした。使い慣れていないレンズはやりにくいが、緊急事態となれば、贅沢は言っていられない。

暗くて狭い室内で撮るために明るいレンズである35㎜をよく使うと書いたが、取材先の町中を目的もなく一人歩きするときにも、カメラにはズームレンズではなく、35㎜を装着していることが多い。

ブラブラ一人歩きをしているときは、なんか心動かされるものがあったらシャッターを押すというシチュエーション。そのときは、納得のいく写真が撮りたいので一番気に入っているレンズで撮りたいのだ。だから35㎜（F1・4）なのである。

そもそも取材でないときはカメラを持ち歩かないことも多い。街歩きに大げさなズームレンズでは、疲れてしまう。そういう時にはコンパクトカメラを持ち歩いたり、記録として画像が必要なときはスマホで十分であることも多い。なんにせよ35㎜（F1・4）のつくり出すシャープでクリアな画像が大好きなのである。開放で撮ることが多いので、ボケ味はとくに大事だ。

レンズ以外の取材時の携行機材について

フォトジャーナリストによって持参する機材はそれぞれ違う。いくつものカメラバッグに大量の機材を持って行く人や、リュック一つにすべての機材が収まってしまう人もいるだろう。もちろん、出かけて行く地域や期間、取材内容によっても異なってくる。私の場合は、携行機材は他のフォトジャーナリストに比べたら随分少ない方だと思う。時々、海外の記者と一緒に取材をする際、私の機材を見て「それだけ？」と驚かれることが何度もあった。私が機材を多く持って行きたくない主な理由は、単純に機材が多いと動きにくいからだ。実際に、必要最小限の機材で私の撮影には十分に取材活動ができているので、まったく問題はない。

ストロボ、露出計はもともと使わない。三脚は夜の撮影や映像の撮影の時のみ持参することにしている。昨今、写真家に対してムービー撮影の依頼は確実に増えてきている。特にネット上では映像の需要が増えてきているからだ。私は個人的には三脚は使いたくない。機材が重くなるのは避けたいのである。それでもムービー撮影については三脚の使用は必須と依頼先から厳しく言われるので、しぶしぶ持っていく。例えば「多くの登山客で富士山は大混雑」というようなニュース報道。アメリカの通信社からの依頼だったのだが、正直、カメラ2台にレンズ3本＋三脚を抱えての山頂までの登山＋撮影は楽ではなかった。

それでもムービーの撮影依頼があれば断ったりはしない。自身のテーマで取材撮影しているときも、あの場面、あのインタビューは動画があったらよかったな、と思うこともあるのだ。ムービーでの取材も、よりよいものが作れるよう経験を積むことも大事だと思う。ただ機材が重くなるのはどうしても気が重くなってしまう。

持参するパソコンに関しては強いこだわりはない。軽くて薄くて高性能であることに越したことはないが、故障がなければ多少重いものでもいいと考えている。これは私が撮影中にリュックにパソコンを入れておくということがあまりないからなのかもしれない。究極の軽さみたいなものを求める必要がないのだ。もちろん、軽さ、丈夫さは、撮影現場からすぐに写真データを送らないといけないニュース報道のカメラマンにとっては重要な要素のはずである。

私が気を遣うのはハードディスクだ。取材内容によっては、3台の外付けのハードディスクを持参、同時に3台のハードディスクに写真データを保存することもあった。パスポートを失くしてもなんとかなるが、撮影済みのデータを失ったらなんともできないからだ。持ち歩くときも、3台のハードディスクは別々の場所で保管した。一つは滞在先の机の引き出しの中に、一つはスーツケースの中に、一つは撮影現場にも持っていくリュックの中に、といった具合だ。リュックに入れて持ち歩くのは、万が一ホテルで盗難被害にあっても、火災があっても大丈夫なようにしておくためだ。心配しすぎではないかと思われるかもしれないが……。

とはいうものの、ハードディスクとカメラが入っているリュックを電車に置き忘れたことがドイツで1回、日本で1回ある。ドイツでも日本でも、幸運なことにリュックは戻ってきて、事なきを得たのだが…。ただ、リュックを置き忘れたときも、トランクの中には別のハードディスクは存在していた。絶望的な状況を回避していたことだけは確かだ。

ちなみに「ナショナル ジオグラフィック」の依頼で取材をしていた、私の友人のアメリカ人フォトジャーナリストは、6台のハードディスクを持ち歩いていた。カメラマンにとって、撮影済みの写真データほど大切なものはないのである。

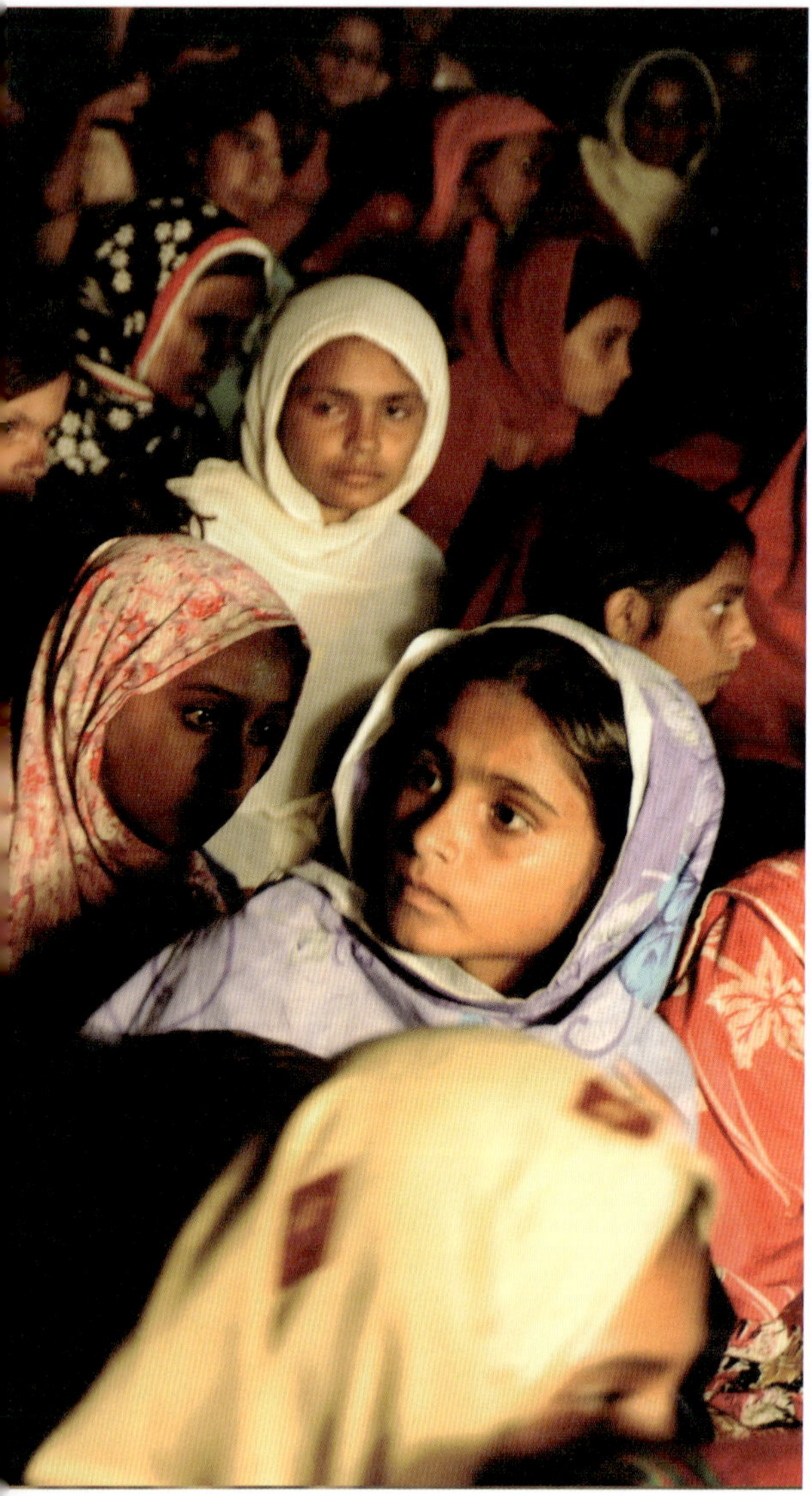

ラマダン（断食月）明けを祝うために、地元ボランティア団体が企画した
避難民キャンプでのイベントに集まった被災者の少女たち（パキスタン）

支援団体による配給で衣服を受け取る被災者の女性（パキスタン）

地元 NGO 団体の食料配布の列に並ぶ少年たち（パキスタン）

通信手段とSNSの利用法

通信手段はＳＩＭフリーのスマートフォンに、現地で買ったＳＩＭカードを入れて使う。国際間の連絡はLINEやViberを使えば、イラクの山の上からでも日本人やヨーロッパの友達との会話が無料でできる。あと、なにか困ったことがあった場合は、世界中でＳＮＳを通して繋がっている友達や編集者に連絡ができる。スマホとパソコンがあれば、地球の裏側にいる人たちとの会話が簡単に瞬時にそして安価にできる時代なのだ。

実際、「ヤズディの祈り」（赤々舎）の執筆中、なにか事実確認しないといけないことがあるとイラクで取材をしていた際に泊まらせてもらっていたヤズディ教徒の家族（通訳をしてくれたのはこの家の息子たち）にFacebookを通じて疑問を投げかけると、たいてい10分以内に必ず家族の誰かから返事が戻ってきた。写真集制作中には、この一家はイラクだけではなく、難民として渡ったドイツ、アメリカなど世界中に散らばっていた。ヨーロッパとイラクとアメリカ、時差はバラバラだ。普段からFacebookを頻繁に使用するこの家族。日本から投げかける質問に対して、必ずといっていいほど瞬時に返事がくるのは有り難かった。

ちなみにこの一家の8人の息子たちのほとんどは、英語でのコミュニケーションが可能だ。上の3人のお兄さんがイラクに駐屯していた米軍の通訳として活動していた経験があり、弟たちは兄から英語を学んだのだという。Facebookを通じて海外から仕事の依頼がくることもある。通訳や編集者ともFacebookでやりとりすることが多い。Facebookは無駄に個人情報が流失するなど好きではないところもあるけれど、私にとっては仕事をしていく上で必要不可欠なソーシャルメディアとなっている。

相手のことを信用できるかどうかをチェックするようなときにも有用である。例えば信頼できる人から紹介されたとしても、イラクで身を預ける人に関してはより注意深く検討したいのだ。もしかしたらＩＳ（本書では現地の呼称にしたがい、以下「ダーシュ」と表記する）に売り飛ばしてしまうような人かもしれない。イラクで一緒に行動することになる通訳のことを知るための一つの手段として、その通訳が過去どんなことをしてきたのか、どんな発言をしてきたのか、どういう人間関係があるのかを、確かめることができる。メールのやりとりだけでは、見えてこないものも見えてくる。

Facebookには自分のプライバシーが流失するという危険があるかわりに、相手のプライバシーを確認できるという利点もあるのだ。

もちろんＳＮＳだけに頼るのではなく、その上で一緒に働くことになる通訳と過去に行動をともにした人たちに彼の人柄などについて確認することも必要だ。実際に、私のところにも何人もの外国人記者やジャーナリストから「今度、イラクで○○さんという通訳と一緒に働くことになる可能性があるのだけれど、あなたは彼と働いたことがあると聞いた。彼は信頼できる人物か？」というような質問のメールが届くこともあった。自分のためにも、このような質問にはなるべく真摯に誠実に答えるようにしている。

撮影データ、セレクト、画像編集、キャプション作成について

依頼を受けた仕事は基本Jpegで、私自身のプロジェクト撮影はRawで撮影することが多い。ただ、これも人によってまちまちで、すべての撮影をRawでおこなうフォトジャーナリストもいる。例えば「築地の初セリ」の取材のような、他の新聞社や通信社のカメラマンたちと同じ現場を撮影し、即時性を要求される仕事では、パソコンを持ち込み、現場で写真セレクト、画像編集、キャプション書きまで終わらせて、すぐに送信しなければならない。

一連の作業の中で、写真セレクトはきわめて重要な作業となる。一つのテーマをライターと何日も追い続けたようなものは当然セレクト枚数も多くなるが、ニュース報道のように1日の取材撮影で終わるものは、的確に必要なカットを選び出さなければいけない。基本は20枚程度（必要枚数は事前に訊くこともある）に絞り込み、キャプションをつける。スピードも求められる。

ただ、自分でもいい写真がたくさん撮れたなと思ったときには、求められている枚数

よりも多めに送ることはある。多くなりすぎると相手の編集者にとって迷惑になる可能性もないわけではないが、いい写真であれば、見せられて腹を立てる編集者はいないはずだ。

添付するキャプションについても基本的には字数制限や字数指定があるわけではない。ただし、必要不可欠なことを簡潔に書かなければならない。撮影した写真をすぐに送信する必要のあるスピードが求められる取材の場合は、それも撮影内容がはっきりしている写真に関しては、有り難いことにあらかじめ編集者がキャプションサンプルを用意してくれていたこともあった。

東日本大震災初期の取材撮影（1か月以上続いた）のときは、毎日毎晩、撮影、セレクト、画像編集、キャプション作成が繰り返された。最初は相当しんどかったが、人間慣れてくるとなんとかなるもの。終わりごろはかなりのスピードでこなせるようになっていた。

適切な画像編集のスピードアップも慣れの問題だと思う。毎日作業を繰り返していれば、必ず作業時間は短縮されていくはずだ。私がセレクト、画像編集、キャプション作成に使っているソフトはLight Room、PhotoshopとPhotoMechanicの三つ。この三つを気分と用途に合わせて使い分けている。

PhotoMechanicはセレクトも写真キャプションがつけやすく、送受信、配信の機能が優れている。海外メディアの編集者からPhotoMechanicの使用を指定してくることもあった。

独自に取材した個人的なプロジェクトの写真をフォトエージェンシーに送るときは、やや長めの英語のサマリーをつけておく。日時や場所についての情報だけでなく、どういう意図で取材をしたのか、どういう方法で取材したのか、なども説明しておくのだ。英語のレベルは中高校生レベルで十分。ただ、微妙な部分、気になる部分、重要な部分に関してはメールでこちらの意図を伝えるようにしている。

タイトル、見出し、キャプションなどにどこまで責任を持つか

私は個人的に進めてきたプロジェクトの写真のストーリーが掲載される際、写真につけられるキャプション原稿についても、掲載前にチェックさせてもらうようにしている。キャプションだけでなくタイトル、見出し、私が書いた本文原稿がどのように編集・校正されているのかなども事前に確認させてもらう。私が意図していないようなカタチで、私の写真が使われるのは嫌なのだ。

写真だけではない。それまで長い時間をかけて取材し、それなりに思い入れのある内容の取材がどのような文章と一緒に発表されるのかということには最後まで責任を持たなければいけないと思っている。

メディアは必要以上にセンセーショナルなタイトルや見出しをつけることが多い。例えばイラクの取材で性的暴力を受けた女性の写真を撮ると、「性奴隷」というタイトルとともにドラマチックな記事にされかねない。興味本位に物珍しいものとして扱われるのは本意ではないのである。

タイトルや見出し、キャプションに至るまで私がきちんとチェックしていかなければ、私の意図しないイメージを読者に与えてしまいかねないのだ。基本的には本文原稿はもちろんキャプションも自分で書くので、大きな問題が起こることはないのだが…。

トリミングを出版社側が勝手にしてしまうようなことは今まで経験したことはない。通常はトリミングをするときには、出版社から事前に連絡がある。絶対にダメということではなく、その理由に納得がいけばOKする。

ただ、タイトル、見出し、キャプションについて、自分がしっかりコントロールしようとしているのは「硫酸に焼かれた女性たち」「キルギスの誘拐結婚」「ヤズディの祈り」のような、私自身が追っかけてきた取材についてだけである。

雑誌社、新聞社、通信社からのアサインメントで撮影した「海女さん」「登山者でにぎわう富士山」「東京の正月風景」のような写真については、そのような細かい対応はしない。もちろん長い時間をかけて取材したアサインメントや、繊細な取材内容の場合は取材相手の方の意思を編集者に伝えることはあるが、どの写真を選択するかなどは媒体の自由であると考えている。

写真の掲載料について

私は写真の無料掲載や無料使用については基本的に断ることにしている。

特にオンライン媒体で多いのだが、「写真家のクレジットはもちろん、プロフィールやホームページについても紹介するので、無償で写真を提供して欲しい」というような依頼が時々やってくる。これについては、すべて断わるのだ。そういうことを受け入れてしまえば、フォトジャーナリストの経済状況は悪くなるばかりである。

酷いメディアになると、平気で無断掲載をしたりすることもあった。

いずれにしても、写真の無償使用を求める人たちが多いのは残念なことだ。もちろん、私もお金のためにフォトジャーナリストを目指したわけでも続けているわけでもない。それでも、安全面も含めたリスク、時間、取材してきたテーマに対する思いも強く、そういう写真を読者や視聴者から購読料や視聴料を取っている商業メディアで紹介する際には、納得をした条件で掲載していただくのは当たり前だと思っている。

正直、写真がたくさんの人の目に触れ、取材してきたテーマを知っていただくきっかけになるなら、「タダでもいいか」とふと思うこともある。でも、ここで頑張らなくてはフォトジャーナリストの未来は暗くなるばかり。「NO」と言って踏ん張るしかない。

海外の雑誌や新聞社に個人的に進めてきたプロジェクトの写真を掲載する場合は必ず掲載料について合意に達するまでメールで何度もやりとりされることがほとんどだ。私が直接やりとりしない場合は、エージェンシーの編集者が細かい条件についてやりとりをしてくれる。

一方、日本では掲載料の話を事前にすることを避ける人も少なくない。写真使用料について曖昧にしたままにしたことで、信頼関係が崩れたケースもあった。そもそも信頼ができる相手ならば写真使用料、掲載料の多寡は大きな問題にはならない。絶対に掲載料金ルールを遵守しないといけないとは考えているわけではない。私の方からアプローチをした媒体については、基本的に編集者の提示する掲載料をいただいている。

取材でお世話になった団体などには、使用料が無償でも写真提供をすることはよくある。例えば、カンボジアでお世話になった孤児の面倒を見ているNGOや「誘拐結婚は伝統ではなく犯罪だ」というポスターをつくりたいというキルギス現地の団体には写真を無償で提供してきた。

日本でもＨＩＶの撲滅に取り組んでいる団体にカンボジアのＨＩＶ感染者の少年ボンヘイを撮影した写真プリントを提供し、ＨＩＶの母子感染についての知識を広める目的で自由に使っていただいている。今も日本のどこかで小さな写真展が開催されているかもしれない。

海外に拠点を置いている私の友人のフォトジャーナリストには、写真の使用料金をこと細かに決めている人もいる。発行部数○○部の雑誌の表紙だと××円、中での使用は△△円、見開きでの使用は▲▲円、といったように。彼女はこの使用料金ルールを厳格に守っている。出版社、広告制作会社のギャランティ提示に対して交渉することはない。出版社、広告制作会社が彼女の使用料金ルールを受け入れるか受けないかなのである。

「メディア業界でフリーランスの立場が弱くなっている状況で、フォトジャーナリストの仕事が軽視されるような流れになっていくのを避けたいと思っている。本当に私の写真を掲載したいと思うのであれば、いくらであろうとメディアは掲載する。通信社のストックフォトの方が安く、それを使うことで代わりになると判断されるのであれば、そうしていただければいいと思う」とはっきりと話していた。

一見リスクがあるように見えるが、彼女は何十年もそれで続けてきているのだ。

肖像権の問題について最低限意識すること

東日本大震災のとき、仮埋葬の取材で遺体の顔がはっきりわかるよう撮影、発表した海外のフォトジャーナリストがいた。これに対して遺族から激しい抗議があった。海外では亡くなった人の顔をマスコミで不特定多数の読者にさらすことがタブーであると考えない国も多い。だとすれば日本のカメラマンが海外の取材で、その国のタブーを犯す、取材対象者の神経を逆なでする可能性はあると考えるべきだ。

私の個人のプロジェクトの取材の場合は、長時間インタビューをしたり、相手の家で生活をともにするなど、取材対象者と深く関わることが多いので、写真を発表する際に肖像権が問題になることはまずない。それでもニュースの取材や通信社の仕事で撮影をする場合、不特定多数が写真に写り込むこともよくある。そういう場合の肖像権は難しい。

パキスタンの「硫酸に焼かれた女性たち」(岩波新書「フォトドキュメンタリー・人間の尊厳」第4章に収録)の場合、このような写真を発表するべきではない、と言う人たちも少なからずいた。私はこれを発表すべきだと考えた。彼女たちは、撮られた写真が発表されることを知って私の取材を受け入れてくれていたし、このテーマにおいては被害を受けた女性の写真は必要だと判断したからだ。

ただ、発表の方法には気を遣った。やたらと焼けただれた皮膚を強調し、悲惨さ、哀れさばかりを前面に押し出すというのは私の本意ではない。被害者の女性たち一人一人に個性があり、悲しみや辛さがあり、絶望があり、希望がある。家族の献身的な助けに笑顔がこぼれることもあれば、消えない傷跡に涙することもある。それら、すべてをあわせて見てもらいたいのだ。

悲惨な体験をした彼女たちを「こんなひどい目にあったのに前向きに頑張っている健気な女性たち」と、カメラの前に立つことを決意した彼女たちの勇気をこちらに都合よく賞賛する物語にはしないようにしたい。

どのメディアにどのような記事と一緒に写真が掲載されるか。そこまでを撮影者である私がコントロールすることが、被写体になってくれた人たちの肖像権に対する誠意ではないかと思う。

ニュース報道の場合は、基本的に写真に写っている人全員から雑誌掲載等の了解をもらったりすることはない。ただ、海外メディアからの依頼のなかには、リリース（写真使用に関する許諾書）へのサインが必要なものもある。こういうときは面倒でも写真に写っている人全員（顔が写っている人だけ。後姿だけが写っている人は除外していい）からサインをもらわなければならない。

リリースの内容は結構強烈である。「今回○○さんを撮影した写真に関する権利の一切は出版社に帰属します。今後写真の使用に関しては、すべてを出版社に任せ、異議を申し立てません」というようなことが書かれている。よほど撮影者や出版社のことを信用していなければとてもサインできるような内容ではない。それでもサインをもらわなければ成立しない仕事もある。

ちなみに最初から子どもは撮影対象にしない（顔がわかるようには撮影しない）と決めている海外媒体もある。「渋谷のスクランブル交差点を渡っている群衆」の撮影などは、現実的に全員からリリースをとることは不可能である。この媒体の場合、群衆のなかの子どもの顔がはっきり写っていて人物が特定できるものは基本的には使用しない。もちろん、取材対象者そのものが子どもの場合で、取材許可が得られているものは別である。子どもの肖像権が非常にセンシティブな問題であることだけは間違いない。

イラクで取材をした中東の少数民族、ヤズディ教徒の女性たちの追加取材のために、ドイツを訪れたことがある。この女性たちは2014年にダーシュによって故郷を追われ、その後拉致され、性的暴力を受けながらも何とか監禁先から逃げ出すことができた女性たちだ。

私は彼女たちの何人かをイラクの難民キャンプで取材したことがある。一緒に生活しながら撮影をし、個人的な関係も築かれていた。彼女たちがドイツ南部のバーデン・ヴュルテンベルク州の支援を受けてドイツへ渡った後も、SNSを通して個人的に連絡を取り合っていた。しかし、私が彼女たちの取材のためにドイツへ行くことに対して、彼女たち自身がすぐに了解をしても、州政府そして彼女たちのケアをおこなっている担当部門からの正式な許可が下りるまでは、彼女たちを訪ねることはできなかった。

申請をしてから数ヶ月が経ち、ようやくドイツへ向かうことができた。彼女たちの多くは家族がダーシュに捕まったままで、個人情報を記録されていることもあり、取材の際も個人が特定される写真撮影をすることはできない。そのため光の陰影や、ちょっとした顔の角度に気を遣いながら撮影をおこなった。最終的に撮影し、掲載することになる可能性のある写真はすべて、彼女たちに見てもらい発表をしても問題ないかドイツを離れる前に確認をした。それだけではなく、彼女たちをサポートする州の担当者やドイツ人ソーシャルワーカーにも写真を見せ、この写真であれば個人が特定されずに、安全面でも彼女たちが守られると判断されたものだけを掲載することになった。

女性たち自身が「掲載してもまったく問題ない」と言った写真でも、結果的に使用しなかった写真は何枚もある。ドイツにもダーシュの支持者は存在する。私が撮影した彼女たちの写真が、どのような形で広まるかは私がコントロールすることはできない。今の時代、ネットでどこまでも拡散されていく。写真がきっかけで彼女たちの安全が脅かされることになってしまう可能性も十分にあるのだ。取材内容や被写体となる人々の置かれた状況によって肖像権の問題には十分に配慮しなければいけないと思う。

夕暮れ時、シンガル山で避難生活を送るヤズディの少女たちが、水を運びテントへ向かう

上　ダーシュの監禁から逃げ、家族と難民キャンプで暮らすサラ（イラク）
下　避難先のドイツで外出前に髪をとかすサラ

上　ドイツ南部に避難したサラ。お気に入りの場所である近所の川辺で
下　避難先のアパートで朝食の支度をするサラ

ダーシュの戦闘員に拉致され、暴力を受けながらも脱出したヤズディ女性。取材時にはまだ親族が拘束されていたため、個人が特定されないよう、ヤズディの女性が使用する伝統的な白いスカーフをカメラの前に垂らして撮影した（イラク）

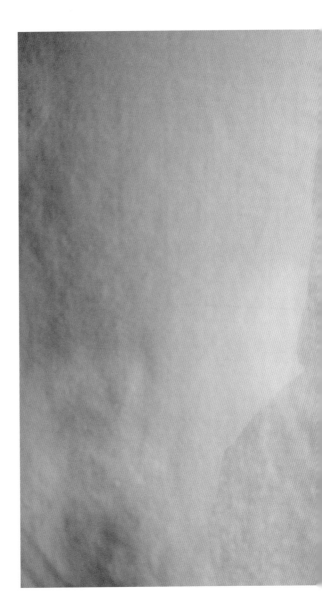

取材対象者に対する謝礼に関するルール

まず、フォトジャーナリズムの現場に置いては、「取材対象者に対して、お金を払うことを条件に取材を受け入れてもらうのは倫理に反する」というのが基本。「取材謝礼が支払われるから取材を受ける」という構造は、取材者と取材対象者を普通とは違う特別な関係にしてしまうことになる。だから、フォトジャーナリズムの世界では、取材謝礼の支払いはルール違反と考えられるのだ。

実はあってはならないことだが、「取材協力費を出すから撮影に応じてくれ」というやり方で取材依頼をするフォトジャーナリストもいると聞く。ひどい例だと「取材謝礼をこれだけ出すから、他のジャーナリストからの取材を受けないでほしい」と要望するフォトジャーナリストもいる。

幸いなことに私の場合は取材途中で取材を断られたことはないが、何かでこじれ不信感が生まれれば、そういうことだって起こりえるのだ。取材する側は、最大限の誠実さを持って、取材対象者に接するべきだと肝に銘じなければいけないと思う。

私の場合は取材対象者の家に住まわせてもらうことが多い。パキスタン、キルギス、トルコ、イラクの取材対象者はいずれも私を受け入れてくれた。私だって自宅に誰かが入り込んで、日常をパシャパシャ撮影されるのは嫌だ。取材対象者には感謝の気持ちしかない。家に住まわせてもらうということは、そこに強い信頼関係が成立していることは明らかだろう。それでも、間違いなく取材対象者には経済的負担(私の食費など)はかかるので、時々は食材をスーパーで買って帰ったりはすることもある。ただし、明らかな謝礼と思われるような高価なものを買ったりはしない。大切なことは、金銭的なメリットを取材交渉の材料にしないことだ。

取材現場の実際

取材現場の実際

取材テーマとどのようにして出会うのか

取材をするきっかけはさまざまだ。「知りたい」という思いが先行し、取材をしていく過程の中で「伝えたい」という気持ちが強くなり「伝える」ための努力を始めることもある。

もちろん、キルギスのアラ・カチューのように学生の頃から気になっていたような題材もある。国際人権法の授業を取っている時に手にした資料の中に、アラ・カチューに関する記述があったり、ずっと頭の中に引っかかっていた。

私は特に女性の人権問題に焦点を合わせてきたわけではない。女性の人権問題だから、女性である私が取り組むべきだと思ったりはしない。

ただ女性だから女性の問題に自然と関心を持つ傾向はあると思うし、女性だからこそ取材ができるということもある。パキスタンの硫酸被害者たちを取材しているフォトジャーナリストはたくさんいるけれど、当然人によってそのアプローチの方法は異なる。それが結果的に女性であることで、できる取材形態、アプローチ方法だったことは多い。

ポートレートを撮るだけなら、多くのカメラマンにも可能である。しかし、女性被害者と寝食をともにして、彼女たちの日常の姿を撮影できたのは私が女性だったからだ。私は日常生活の中に入り込み、朝起き、顔を洗い、髪をとかす、その場にいることで見えてくることを大切にしたいと思っていた。どんな化粧品を使い、どんなアクセサリーを好んでいるかが気にかかる。その人、個人を象徴するなにかを知りたいし、伝えたいと思う。

イラクに行ってヤズディの人たちを取材していると、多くの人たちがドイツに移住することになった。そうなると今度はドイツに行ったヤズディの人たちの生活が気になる。出版が予定された写真集の発売日を遅らせてでもドイツに行きたいと思った。

一歩踏み出していくことで、様々なアプローチの方法が見えてくる。アイデアも出てくる。取材対象者に最初から100を望むと、壁にぶち当たることが多い。相手からなにかを引き出すのは至難の業である。だから、いつも「焦らず」「少しずつ」を心がけている。

先入観、固定観念でモノを考えないようにする

「こう伝えたい」とか「こういう写真を撮りたい」というようなことは事前に考えすぎないようにしている。そもそも取材を始めたばかりの時期は、問題に対する私自身の知識もかなり薄い。そういう状態で、「こういう風に結論づけるために、こういうイメージの写真を撮らなければいけない」と考えることには、ものすごい抵抗を感じる。そうしてしまうと、それに合わせて絵作り（写真撮影）をしてしまうことになる。そうならないよう自戒しているのだ。

予想していたものとまったく違うものがあらわれてきたとしても、それを素直に受け入れる。そこにまた別の視点が生まれてくる。今、目の前で起きている現実が大切なのだ。取材を始める前に自分の視点を決めてしまうことは危険だと思う。

「これが事実だ」「これが正しい」とか、私の視点を押し付けることがないようにもしている。カメラのフレームに入らないものの中に大切なものが隠されているかもしれない。私が撮影したものは、時間的にも空間的にも限定されたもの。何を撮って、何を撮

らないかについても私の意思が働く。すべての真実を写しとるなんてことはできない。どのストーリーにもパーツがあり、側面があり、さまざまな視点もある。

先入観は持ちたくないが、取材前には、深いところまで研究調査をしてから現地入りするようにしている。そういう作業を続けていくと、ついつい具体的なイメージが思い浮んできてしまうのだが、それでも撮りたいものを限定的にイメージするようなことはできるだけしない。様々なアクシデントに拒まれ、思い通りのものが撮れなくなってしまうことの方が多く、大きなストレスにつながってしまうからだ。

情報、写真などがほとんどないような取材対象もある。

キルギスの誘拐結婚の取材前は、ＮＰＯ法人が作成したほんの少しの資料があっただけだった。しかも、その多くがロシア語で書かれたものだった。当時はヴィジュアル的な情報はまったくといっていいほど入手できなかった。

そういうときは、思い切って現場に飛び込んでいくしかない。現地を動き回っていれば、必ず何かヒントが見つかるはずだ。

取材アプローチの実際

取材アプローチの仕方は、取材対象によって変えていくしかない。誘拐結婚の実情についてはよくわからないことだらけだったが、キルギスという国自体は安定しており、身の危険はなさそうだったので、いろいろなことは現地にいってから決めることにした。航空チケットと最初の数日間に泊まる宿だけを手配してキルギスに向かった。取材協力者、通訳、運転手は現地で探すことにした。知り合いの中にキルギスの誘拐結婚について情報を持っている人を見つけることもできなかったからだ。

イラクでの取材については、空港に着いたら誰に迎えに来てもらうのか、どういう交通手段で、どこの宿泊先に向かうのか、誰に通訳してもらうのか、までを日本で決めていた。すべてをシミュレーションしておいたのだ。

イラクのクルド人自治区に拠点を置いていたアメリカ人映像ジャーナリストの友人に連絡をとると「イラクでは、安い通訳を見つけるのは難しい」との返事。「1日50ドルはどうか」と相談をしたら、「その額だと学生しか見つからないだろう」とのこと。

比較的安定している地域であれば学生でもまったく問題ないが、ここはイラク。そこで「現地の情報をきちんと持っていて信頼のおける人なら、少し高くなってもいいかな」と方針を変更する。「デア・シュピーゲル」の記者で、ときどきイラクに出入りしていたドイツ人の女性記者に何人かの通訳を紹介してもらうことにした。その通訳の中に、ヤズディ教徒の男性がいた。通訳料も妥当だったので、その人に頼むことに決めた。

ヤズディの取材には、通訳がヤズディ教徒であることが重要だった。クルド人のイスラム教徒だとしたら、ヤズディの中に深く入り込むことができなかったし、ヤズディの女性たちは自身の経験を打ち明けてくれなかった可能性が高い。話をしてくれたとしても本音を明かしてくれるかどうかわからない。

同じ言語を話す人でも、取材対象者とは違うコミュニティに属している通訳だと、うまくいかなくなってしまうこともある。ヤズディの通訳でなかったなら、「ヤズディの祈り」の取材撮影は相当難航していただろう。

ヤズディ教徒の通訳は理想だったが、すぐに依頼はせず、まずは紹介された通訳のハサンのFacebookなどをチェックした。不審な点がないか（特にダーシュとのつながりのようなもの）を確認したのだ。Facebookは英語とアラビア語両方で投稿されたものがあり、アラビア語に関しては、グーグル翻訳をしてみた。奇妙な翻訳にはなるが、それでもその人の人となりはなんとなくわかる。彼が投稿した過去の写真はチェックし、彼の友人たちの情報も調べた。そして、彼と以前会ったことのある地元の人や外国人記者を探して彼についてどう思うか確認した。その上で彼なら信用してもいいと思い、ハサンとFacebookを通して何度かやりとりもしてみた。最後には「この人なら大丈夫」と確信する。そこで、初めて正式に通訳をお願いすることにしたのだ。

イラクの空港まで、イラクを拠点に取材活動をしている友人のイギリス人記者に迎えに来てもらった。まずは彼女の家で3日過ごした。地図を広げ、各地の情勢について細かい確認をした。そこからハサンの住む町まで3時間かけてクルマで移動した。ドライバーも彼女から信頼できる人を紹介してもらった。いくつかあった検問所では、このドライバーが私の立場をうまく説明してくれた。

ハサンは宿泊スペースと食事も提供してくれた。ハサンは大家族。奥さんと子ども2人、弟8人、妹2人と父母が一部屋で雑魚寝する。私も家族の一員に加えてもらったのだ。市内のホテルに泊まるよりは、安全面でもずっと安心できた。

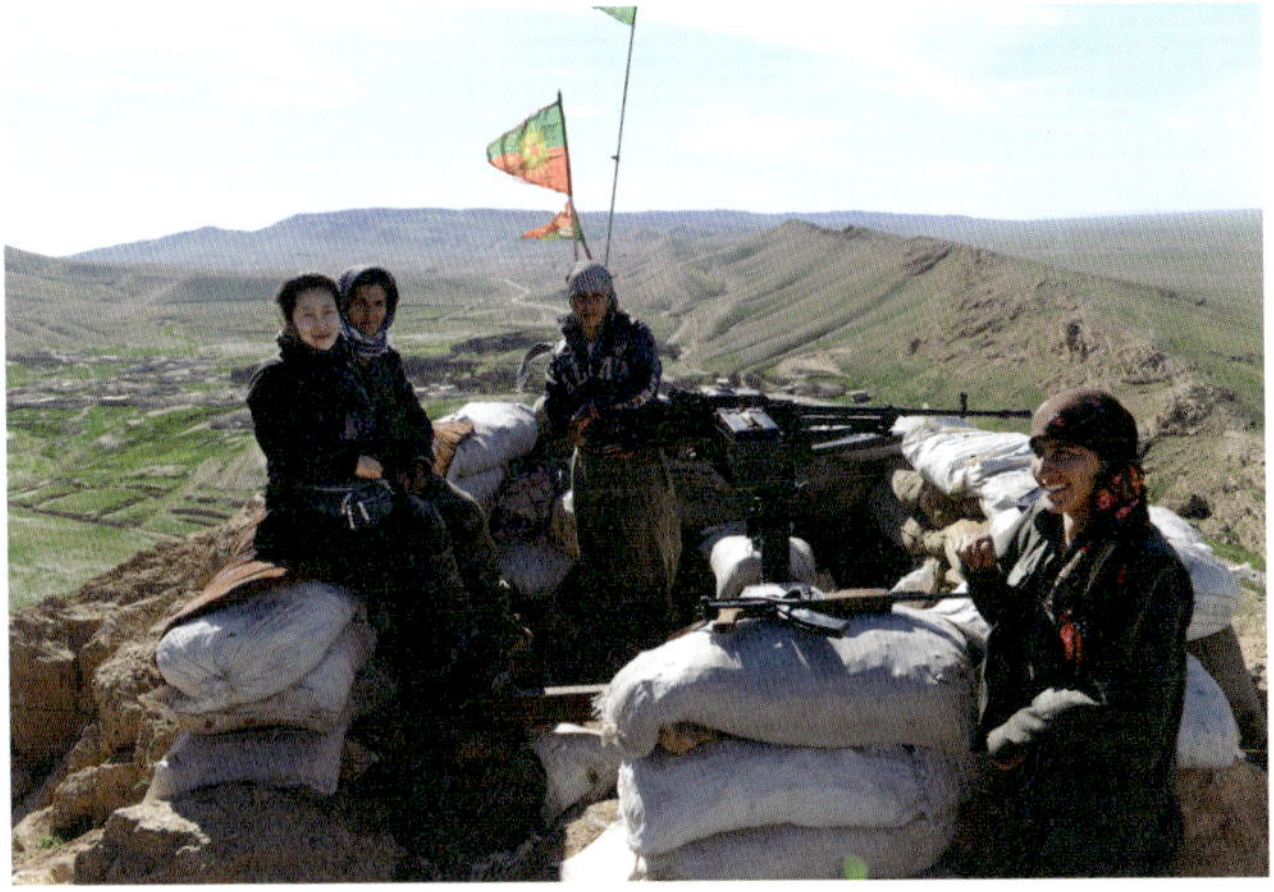

シリアやトルコなどから国境を超えて
イラクに入り、ダーシュとの戦闘を担った
たクルド人女性兵士たちと（イラク）

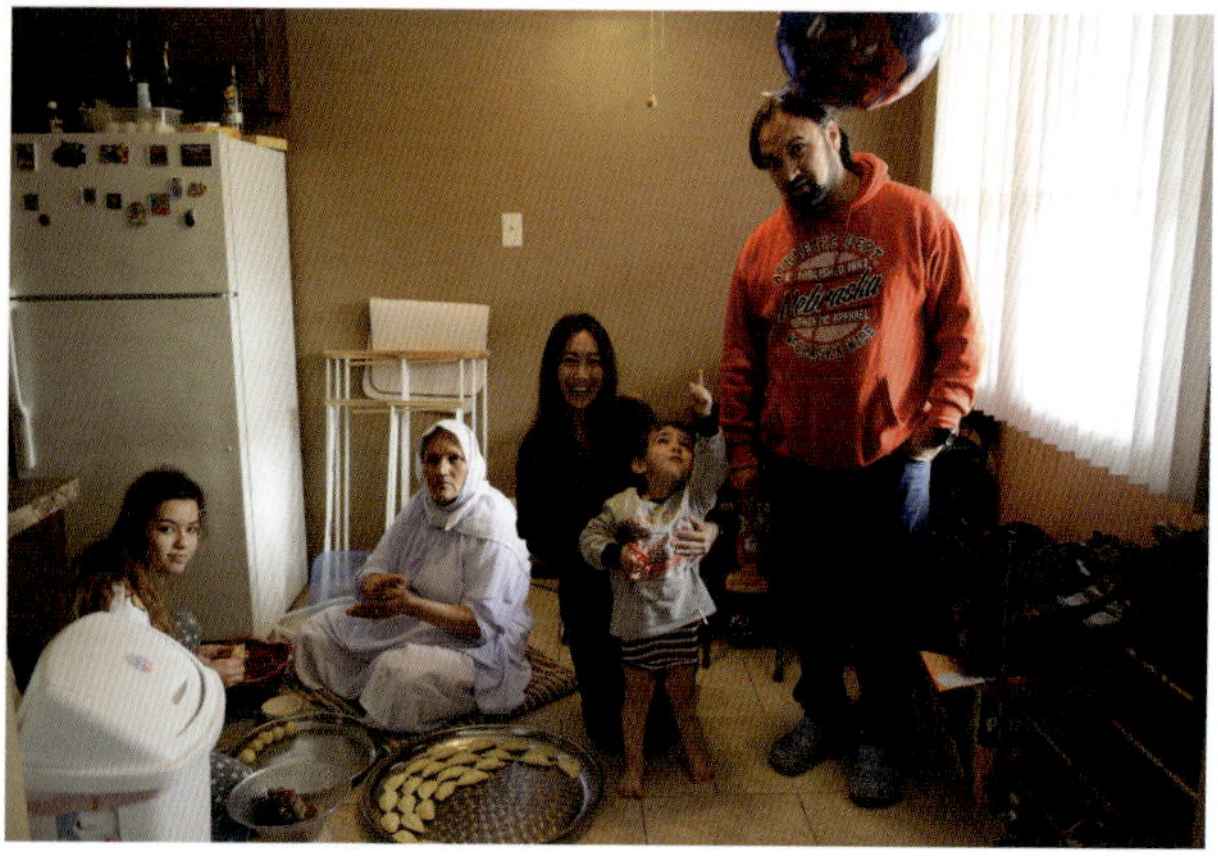

イラクで取材中にお世話になった、
通訳ハサン(右端)の家族。移住先
のアメリカで再会（アメリカ）

安全確保のために心がけていること

フォトジャーナリストは「危険な場所に飛び込んでいって、衝撃的、決定的な写真を撮ることが仕事だ」と想像している人が多い。

紛争の現場にいれば、銃弾が飛び交う「最前線」もある。ただ、私がたとえ戦争下にある地域で取材をしていたとしても、銃弾が飛び交う現場を撮影する理由や必要がないのであれば、身の危険をおかしてまで、その現場に行くことはない。銃弾が飛び交う現場の写真は、その写真が必要な人が撮ればいい。ニュース報道の写真としては必要なこともあるかもしれないが、私個人のプロジェクト「ヤズディの祈り」の取材には必要がなかった。

前項でも書いたが、安全の確保のために取材前に調べられることはなるべく調べる。ネットや文献にあたるのは当然として、現地に知り合いがいれば連絡をとる。現地に住んでいる知り合いがいなくても、現地を取材したことのある人がいれば、有効で精度の高い情報を得られる可能性が高い。ネットからの情報はいい加減なものもある。文献は今の情報でなく過去の情報であることが多いからだ。

はじめて訪れる国、町での1泊目は、多少宿泊代が高くなっても、しっかりと安全が確保できる宿を選ぶようにしている。学生時代は節約を第一と考えていたけれど、今は安全を第一と考えるようになった。今振り返ってみても、学生時代の行きあたりばったりの行動は、二度とやってはならないことだと肝に命じている。当時は事前情報を集めることもなく宿泊先を決めたり、街中でタクシーを拾ったりしていた。大きな危険にさらされる可能性は大だったのである。

今は誰かに運転手をお願いするときも、信頼のおける知り合いに身元の確かな人を紹介してもらうようにしている。もちろん、国によって危険度には違いがある。例えば、イラクでは知っている運転手のクルマにしか乗らないと決めている。それでも、取材現場でタクシーに乗らざるを得ないときもある。そういうときは、知り合いのイラク人にタクシーを止めてもらい、乗り込む前に運転手の名前と電話番号、クルマのナンバーを控えてもらうようにしていた。

もちろん、同じ町で何週間も過ごせば、この町のこの範囲なら流しのタクシーを拾っても大丈夫だろうということはわかってくる。それでも、確信が持てるまでは最大限のリスクヘッジは心がけた。

さすがにカンボジアやドイツでは、ここまではしないが、気を抜くと重大事件に巻き込まれる可能性は高くなる。常に緊張感を持って過ごすようにしている。

宿泊に関しては、私は取材対象者の家に泊めてもらうことが多かった。ホテルに泊まる場合は、不安定なイラクでは、海外ジャーナリストや裕福層が集まっているような高級ホテルは避けた。テロの標的とされる可能性があるからだ。だからといって、安ければそれでいいというわけではない。誰もがいつでも入って来られるような安全対策ゼロという宿も選ぶべきではないだろう。

取材先で取材対象者の家に泊まらないときは、その中間の宿（イラク、パキスタンだと1泊30〜40ドル程度）を選ぶようにしている。大きなホテルと比べるとネット環境が不安定であるというマイナスポイントは受け入れざるを得ない。ただし、取材活動をしている以上、ネット環境がまったくないというところは辛い。

どうしてもネット環境が整わないということであれば、現地で買ったSIMカードとSIMフリーのスマートフォンを利用して自らネット環境をつくり出すしかない。スマホさえあれば、世界中のどことでも繋がることのできる時代なのだ。ちなみにSIMカードがちゃんとしたものかどうかは、買ったその場で確かめるようにしている。時々まったく機能しないインチキ商品をつかまされることがあるからだ。機能確認ができるまではお金を支払わないというのも安全確保のための一つの方法である。

取材のための協力者をどう選ぶか

通訳は大事なので、なるべく直接会って話をしてから決めるようにしている。

イラクのヤズディ取材のときは、入念に事前チェックをしていたが、会ってみて合わないと思ったら断るつもりでいた。実際は会ってみたら、とってもいい人だったのでよかったのだけれど……。

パキスタンでは、現地を訪れてからゆっくり決めようと思った。パキスタンの場合は硫酸の被害者たちを支援しているＮＧＯがイスラマバードにあったので、事前に日本からコンタクトを取り、取材のＯＫはもらっていた。

イスラマバードに着いて、ゲストハウスに居を構え、まずはＮＧＯの運営するシェルターに保護されていた被害者たちの取材から始めた。ここには、英語が話せるボランティアの女子高校生たちがいるので、通訳は必要ない。問題はその被害者の女性たちが治療を終え、田舎の自分たちの村に帰っていくことになったときだ。

被害者のほとんどは英語を話すことはできない。ＮＧＯからその時々に都合のつく、信頼できる通訳を紹介してもらった。十分な通訳料を払うことができなかったので、基本的にはボランティアの通訳をお願いしたのだが、有り難いことにいつも誰かしらが手助けしてくれた。パキスタンの人たちはとても温かい人が多いのである。

私が滞在していたゲストハウスのオーナーの弟が、被害者の暮らす田舎までクルマで送ってくれるということがあったときには、運転手だけでなく通訳もお願いした。ただし、彼は田舎まで送り届けてくれたあとは、イスラマバードに帰ってしまうので、田舎で被害者の女性と過ごす間は基本的に通訳がいないという状態になる。

通訳がいないことについては、いい面と悪い面の両方があると思う。通訳がいれば、通訳に頼りすぎてしまい、直接のコミュニケーションがおろそかになる。だから、通訳なしで、正面から女性と濃密な時間が過ごせるというのはいいことだといえるのだ。

ただし、被害者の女性と一緒に暮らしていく中で出てくる様々な疑問については答えを聞き出すことができない。そこで、田舎まで私を迎えに来てくれる運転手は、英語のできる人を指名した。迎えに来てくれたときに、ためこんでいた疑問の数々を一挙に解決してもらうためだ。滞在中、すぐに解決しないといけない案件については、英語のできるイスラマバードのゲストハウスの人たちやＮＧＯのスタッフに電話を入れ、通訳をしてもらったりもした。

イスラマバード滞在中にゲストハウスのオーナーやスタッフ（彼らは英語を喋る）とは一緒に外食にでかけるくらいまで、仲良くなっていた。家族みたいに扱ってくれた。正直言って、イスラマバードでこの小さなゲストハウスの人たちと出会えたことは私にとって幸運だったと思う。

イスラマバードでの最初の2泊は日本人経営のわりと高めのホテル（そうはいっても、1泊80ドルくらいだったのだが、当時の私には高額だった）をとったのだが、このホテルの従業員に紹介してもらい、同じ通りに並んでいたこの1泊20ドルのゲストハウスに移ったのだ。外食に連れていってもらうだけではなく、ゲストハウス内で、たびたび食事をご馳走してもらうことにもなった。私が「日本食は美味しい」と言ったら、日本人経営のホテルまで、わざわざ日本食のつくり方を教えてもらいに行って、サプライズで日本食もどきをつくってくれたりもした。残念ながらそのゲストハウスは現在閉鎖してしまっているのだが、当時のスタッフとは今でも時々連絡を取り合っている。

首都イスラマバードで滞在した、ゲストハウスのスタッフたちと。ラマダン（断食月）の間、夜ご飯はいつもスタッフルームで一緒にいただいた

取材対象者からの信頼を得るために心がけていること

例えばキルギスの誘拐結婚の取材依頼のときは「私はキルギスのアラ・カチューに関心を持っている」「さまざまな夫婦を取材したいと思っている」と伝えた。取材が進んでいけば、今までアラ・カチューについては、このような写真を撮ってきたというものも見せる。「私はアラ・カチューで離婚をすることになった夫婦も取材したし、幸せになった人にも出会った」ということを伝えたのだ。

キルギスでは、同じ家庭のなかにも「女性が嫌がるアラ・カチューは絶対にいけないことだと思う」と言うおばあさんもいれば、「俺はいいことだと思うよ」と言うおじいさんもいる。家庭のなかでも意見は分かれていたりするのだ。私も意見を求められれば「日本じゃ考えられないことだ」と正直に答えていた。それでも、私の取材はアラ・カチューを糾弾するためのものだと決めているわけでもなかった。さまざまな女性たちや夫婦を取材した結果、私は女性の合意がないアラ・カチューは人権侵害だという考えに至ったが、こう結論付けるまでにさまざまな葛藤があった。文化的にも、社会的にも、歴史的にもこの問題は実に複雑な背景が関係しているからだ。

パキスタンの硫酸被害の女性たちの多くは最初から私の取材撮影に対して理解を示してくれた。それでも、出会ってすぐに撮影をしたわけではない。被害者を保護するシェルターで何日かをともに過ごし、ある程度は仲良くなった後の話である。出会ってから最初の一枚を撮るまでにもかなりの時間を要している。

そこから、取材対象者の家での同居取材の許可をもらうのは、簡単なことではないと覚悟していた。シェルターで取材していた硫酸被害女性のなかでも、セイダとは比較的短期間で親しくなった。普段セイダは部屋の中では、傷がついた素顔をさらしていたけれど、最初はなかなかレンズを向けることができなかった。はじめてシャッターを押したのは、出会ってから3日目のことである。その後は、病院での施術の様子も撮った。椅子の上にのぼって高い位置から施術台の彼女の姿を撮っている私と目が合うと、思わず笑うこともあった。笑うと手術で縫ったところが痛いらしく、涙目で笑いながら「痛い、痛い」と叫んでいた。

何度かおこなわれた皮膚移植による形成手術の後、実家に帰るというセイダに「私も一緒についていっていい?」と頼んだところ、「ノリコが取材に来てくれたら、遠い日本にも私のことを気にかけてくれる人がいるということが、村の人たちにも伝わるから嬉しい。一緒にいてくれれば心強いし」と快く引き受けてくれたのだ。

実家まで同行して同居が始まったからといって、すぐに撮影を開始したわけではない。「心を開いてくれている」とはいっても、セイダの心が深く傷ついていることは確かだ。ここでも時間をかけた。

彼女たちは、硫酸をかけられ、焼けただれて醜くなってしまった顔のせいで、いわれのない差別を受けていたりする。彼女の実家は一般的に保守的といわれる田舎にあり、都会にいるとき以上に、心ない言葉の暴力を投げかけられたりするのだ。被害者の女性たちの多くは文字も書けないし読めない。教育を受けさせてもらえなかったからだ。それでも、彼女は写真に撮られ世に発表されることの意味を真剣に考えてくれたのである。

「しっかり取材をしなければならない」と私を奮い立たせてくれたのだ。

ただ私がどれほど頑張ったとしても、私がどんな特別な経験をしたとしても、編集者が目を留めるようなストーリーでなければ彼女の写真が世に出ることはない。雑誌一ページのスペースすら確保することはできないからだ。

こういう風に取材を受け入れてくれた彼女の人間性が写り込む写真をちゃんと撮らな

いといけない、と強く思った。じっくり時間をかけたい。その思いが彼女に伝わったからこそ、取材を受け入れてもらったと思っている。

セイダが暮らすパキスタン北西部の村の風景

皮膚の移植手術を終えたばかりのセイダ。首都イスラマバードの病室の窓から外を眺める

治療を終え、実家に戻ってきたセイダ（右）と首都から訪ねてきた看護師（左）。
自宅で可愛がっている子猫と遊ぶ

取材対象者との距離

私が今まで海外で取材してきた人たちは日本人に比べれば、プライバシーに対して抵抗感が少なかったかもしれないが、だからといって気を遣わなくてもいいということではない。彼らも人間である以上、機嫌のいい時もあれば悪い時もある。私の取材とはまったく関係のない理由で写真を撮ってはいけない雰囲気が醸し出されているときは、シャッターを押さない、ということもよくあった。

例えば、「キルギスの誘拐結婚」の取材で滞在させてもらっていた夫婦のディナラとアフマット。結婚から1年以上が経ち、2人を再訪した際にも家に泊まらせていただいた。2人は「普通」の夫婦になり、ディナラは出産を控えていた。昨晩の夫婦喧嘩で朝から奥さんディナラの機嫌が悪いときには、カメラも持たず外へ散歩にでかけたりもした。そうするとディナラの方から気にかけてくれて、旦那アフマットに対する愚痴を喋り出したりしてくれた。そんなとき、彼女に今まで私が撮ってきた写真を見せて、「この写真はいいね」「これはちょっとね」とかというような話をすることもあった。

そういうことが積み重なり、結果的に取材対象者がさらに心を開いてくれたりすることにもなるのである。そうしたら、翌日からまた写真を撮り始めればいい。

こういうことができるのは、時間に追われていないからだ。十分に時間があれば、「今日は一枚も撮れなくてもいいかな」と思える余裕ができる。時間に追われていると、ついいつまでにこの撮影をしないという思いが焦りを生み出し、結果として納得のいく取材ができないことになってしまうかもしれない。

新婚当時のディナラが嫁いだ家では一枚も写真を撮らず、一緒に近所に散歩に出かけたり、家事を手伝って一日を過ごすということが何日もあった。そういうことを繰り返していくことで、私がその家にいることの違和感は徐々に減っていったと思っている。最初のうちは、シャッター音がするたびに、彼女はこちらに振り返ったりしていたのだが、そのうちそれが日常になると、すぐ近くでシャッターを押してもまったく反応しなくなった。取材後半は、自分でもあきれるほど写真を撮るようになっていた。

私にも取材対象者を支えてあげたいという気持ちはある。それでも仲良くなるために一生懸命頑張ったりはしない。無理矢理会話をつなげようともしないし、相手がしていることと同じことをしてみようとも思わない。

私が相手のことを意識しすぎると、それは相手にも伝わってしまう。相手も、気が向いたときに私に話しかけてくれればいい。ずっと一緒でないからできてくるほどよい距離感みたいなものが大切だと思っている。気の抜けた私をさらして、気の抜けた自分を見せてくれるなら、その方がいいのだ。それでもある程度の心遣いは必要だと思う。

そのうちに取材対象者の家族とも仲良くなってくる。パキスタンのセイダの家は母子家庭で、母親一人で3人の子どもを育てている貧しい家庭だ。お金には困っているはずなのに、私がその家を離れることになったときには、お土産まで持たせてくれた。逆に私が市場でリンゴを買って来ようとすると「そんなことをしてもらうためにノリコをここに泊めていたわけではない」と怒り出した。行く前は恐ろしいイメージしかなかったパキスタンだが、私の出会ったパキスタン人は誰もが飛び切り優しかった。

取材の現場が心温まる場所になることは、私にとっても有り難いことである。

国や民族によって習慣や考え方が大きく違うのは当然のことだが、他人の家のなかのルールも千差万別である。寝る時間起きる時間には厳格なのに、食事の時間はルーズな家もあれば、その逆の家もある。もちろん、どちらも厳格な家もあるし、どちらもルーズな家もある。私は家庭の雰囲気とか家族間の約束事を尊重することとしている。相手の生活スタイルに合わせた暮らしをするのは、取材だからという理由以上に最低限の礼儀だと思っている。

イラクの取材で滞在したヤズディの多くの家庭は、好きな時間に寝て、好きな時間に起きることが許される雰囲気だったので、そうさせてもらった。一方、カンボジアのＨＩＶに感染していた少年ボンヘイの自宅での取材では、それをしたら失礼になる雰囲気だったので、１００％その家の生活習慣に従うことにした。いずれにしても、取材者はその場の雰囲気を感じ取り、行動につなげる必要があると思う。

シンガル山での取材中、住宅の屋上スペースを借り寝泊まりをした

アラ・カチューで結婚をした女性ディナラの取材の際に滞在したキルギスの村で、
取材の合間に現地の男の子と馬で散歩をした思い出の写真

アラ・カチューで結婚してから１年４ヶ月後、ディナラは母親になった

編集者との出会いと写真展開催

編集者との出会いと写真展開催

出版社へのアプローチ

一度一緒に仕事をしたことのある編集者の中には、その後もときどき私の写真を見てもらう方が何人かいる。それでもフォトジャーナリストとして活動を始めたばかりの頃は、出版業界に知り合いがいるわけでもなく、何のあてもなく連絡して、写真を見てもらい、運が良ければ掲載をしていただいていた。

フォトジャーナリストとして活動をし始めた頃に、パキスタンで、硫酸を身体や顔にかけられてしまう被害者を取材した写真を最初に掲載してくれたのは、月刊誌「DAYS JAPAN」だった。6ページほど掲載してもらうことができた。「DAYS JAPAN」については、以前にこの雑誌主催のワークショップに参加したことがあった。続いて「AERA」にも掲載が決まった。

その後は、ニコンサロンで写真展も開催し、雑誌では紹介しきれなかった写真を展示し多くの人々にパキスタンで取材した女性たちについて知っていただくきっかけになった。それだけでなく、写真展会場に来て下さった写真業界の方々や編集者とも知り合うことができた。こうして、少しずつフォトジャーナリストとしての取材と発表活動を始めるようになっていった。

海外の雑誌社や新聞社に対するアプローチに関しては、イギリスのフォトエージェンシー Panos に所属したことが大きなきっかけになった。もちろん私のＨＰなどを通して直接コンタクトをいただいたことで繋がりができた海外メディアも少なからずある。一緒に仕事をしたことのある海外メディアの記者や編集者たちには直接連絡をして、撮影してきた写真を見ていただくようにもしている。

私よりもずっと実績や経験のある写真家やフォトジャーナリストでも、時間があれば海外の出版社に顔を出し、取材してきたテーマや写真についてのプレゼンテーションをおこなうことを欠かさないという人も少なくない。

「売り込み」ということについては、消極的になりがちな写真家も多いが、行動しなければ出会いは生まれない。動き回っていれば、なにかが起こる可能性はあると思う。

大切なのは信頼できる編集者との出会い

発表活動をする上で一番大切なのは、その雑誌の編集部に信頼できる編集者がいるか、いないかであると私は思っている。雑誌そのものには全面的賛同ができない場合でも、個人的に信頼できる編集者がいれば私はその雑誌と仕事をすることを基本的に躊躇しない。これについては同意しないフォトジャーナリストもいるかもしれないが、私の場合信頼できる編集者であれば、写真使用料や発行部数、読者数の多寡についても拘泥しない。信頼できる編集者と仕事をしたい。やはり仕事は人と人の繋がりなのだと、つくづく思う。

「フォトドキュメンタリー　人間の尊厳」が岩波書店から出版されたのも、「キルギスの誘拐結婚」が最初に「ナショナル ジオグラフィック日本版」で掲載され、その後日経ナショナル ジオグラフィック社から写真集が出版されたのも、「ヤズディの祈り」が赤々舎から出版されたのも、信頼できる編集者との出会いがあったからこそである。それぞれに信頼できる編集者が存在している。

「ヤズディの祈り」を赤々舎から出版したことは、結果的には私にとって最高の成果を生み出すことができたと思っている。写真のプリントはもちろん、内容の構成も、デザイナーさんがゼロから作り上げるデザインも、ヤズディの人々の個人名を彼らの存在に敬意を込めてクルド語やアラビア語で表記するというテキストの在り方も、赤々舎とだからできた仕事だと思っている。中東の少数民族ヤズディと、取材をしてきた一人一人に誠実に向き合って作り上げていただくことができた。彼らの個人名やヤズディが暮らしていた地名を現地の表記で写真集の中で表記する際には、その綴りなどの確認で実際にイラクや避難先のドイツに暮らすヤズディの人々とSNSを使ってやりとりし、彼ら自身にも参加をしてもらった。

「キルギスの誘拐結婚」が最初に掲載されたのは、同時期にイギリスの女性誌「マリクレール」と日本の「ナショナル ジオグラフィック日本版」の2誌だった。日本のファッション誌で社会問題や人権問題を扱った写真や記事を見ることはほとんどないが、外国の女性誌やファッション誌では社会的なテーマを扱った特集をすることが珍しくない。最近ではフランス人記者と一緒に取材をした日本のマタニティハラスメントを取材したストーリーがフランス版「ELLE」で掲載されたが、日本でもフォトジャーナリストが取材するさまざまなテーマがより多様な媒体で発表されていって欲しいと個人的には願っている。

ナショナル ジオグラフィックでは、「ナショナル ジオグラフィク日本版」２０１２年9月号にトルコのロマの写真を6ページほど掲載していただいたのが最初だった。その雑誌が発売されたのはキルギスで誘拐結婚の取材中。時々取材の状況をキルギスから編集部の方に報告したりすることもあった。２０１２年12月に帰国して、最初に「このような取材をしてきました」と見せに行ったのも、「ナショナル ジオグラフィック日本版」の編集部だった。

「キルギスの誘拐結婚」は複雑なテーマで数枚の写真掲載（数ページの特集）ではきちんと伝えたいことを伝えきれない、と考えていたので、大特集（18ページ）を組んでもらったことは本当に感謝している。その後も何回か「ナショナル ジオグラフィック日本版」に掲載をしていただいたことがあるが、私の意図を尊重してくださりながらも、写真や文章の扱いはもちろん、事実確認なども細部まで丁寧に制作していただいた。

岩波書店の編集者とは、震災の取材をしていた２０１１年に開催した、私の小さなトークイベントで知り合った。わずか10人ほどが参加した、お客さんの中の一人が岩波書店の編集者だったのだ。当時始めたばかりの私のブログもすでにチェックしてくれていた。雑誌に発表していた写真も見てくれていたのだ。当時、私は「本を出す」ということすら考えてもいなかったが、2年後に結果的に苦しんで本を一冊書きあげたことは、とてもよい経験になった。

担当の編集者の方は、本の執筆中も、本の出版後も私のよき相談相手になってくれた。前職は通信社の記者だったため、取材することの難しさ、大変さをよくわかっている人なのだ。今でもすごく感謝しているし、これから先も必要な人である。厳しいことをきちんと言ってくれる人は少ない。私がポロっと発した弱音や疑問に対しても、すぐに的確な答えを返してくれる。

写真展の開催

いままでに写真展は何度か開催してきた。フォトギャラリーやアートギャラリー、行政の施設、フォトフェスティバル、大学のギャラリーなど規模はさまざまだが、各地で展示をする機会があった。会場には多くの写真業界とは関係のない人たちも来場する。そこでは自分の写真に対する感想をいただけるだけでなく、写真を見ている人たちの反応を直接肌で感じるとることができるので、写真展は私にとって、大切なイベント。

展示内容によっては「こういう写真を見るのは生理的に無理なんです」とか「こんなものを人に見せる必要はないんじゃないか」というような否定的な意見も聞くこともあった。それでも多くの人たちはじっくり時間をかけて写真を見てくれ、さまざまな感想を伝えてくれるのだ。だから、写真展開催中は仕事でどうしても離れないといけないときを除いて、できるだけ会場にいるようにしている。

ギャラリーを提供してもらったり、額装をしてもらったり、プリント代などを援助してもらったとしても、写真展を開けばそれなりにお金がかかる。持ち出しになる金額は少ないものではない。それでも写真展を開催することには大きな意味があると思う。「ヤズディの祈り」の写真展のときに、ベビーカーを押して来てくださった若いお母さんに「この写真展を見て、自分の子どもがいかに恵まれた環境にいるか、をあらためて実感させられました。恵まれている私たちが世界に向けて何ができるのか考えないといけませんね」と声をかけられた。

また、私の著書「フォト・ドキュメンタリー人間の尊厳」（岩波新書）を出版した直後の２０１４年に本屋さんで開いていただいた小さな写真展を見たことがきっかけで、この本を購入してくださった、20代前半の声優を目指している女性からメールが来たこともあった。本にはＨＩＶに母子感染して生まれたカンボジアの少年ボンヘイについて書いた章があるのだが、この中でボンヘイ少年がアニメを見るのを楽しみにしていると書いた箇所があった。

この女性はメールの中で「これまでは自分がアニメが好きで声優を目指してきたけれど、いつかボンヘイ君のような子どもたちに喜んでもらえるようなアニメを制作したいと思うようになりました」と、書いてくれた。また、２０１６年年末に開催した「ヤズディの祈り」の展示を見に来て下さった会社帰りのサラリーマンの男性から「新書に書かれてあったボンヘイ君は元気ですか？」と声をかけられたことがあった。実はボンヘイはその数ヶ月前に亡くなってしまったことを伝えると、この男性は「そうなんですか」と返事をすると、その場で立ちつくしてスーツの袖の部分で涙を拭いていたのだ。こうして、私の知らなかったところでボンヘイのことを気にかけてくれている方がいるのだということがわかりとても有り難く思った。

　こういう声を聞くと、取材してきてよかったと思うのだ。日本人は遠い国の社会問題にほとんど関心がないといわれているけれど、関心を持ってくれる人がいるんだ、という実感が持てるのが嬉しいのである。

世界中に強くて深い人間関係が広がっていくこととどう向き合うか

ボンヘイとの再会、そして別れ

２０１６年の1月、私はカンボジアで14歳になったボンヘイと再会した。すぐには居場所がわからず、ようやく探しあてた。２０１４年におばあちゃんが亡くなり一人になっていたボンヘイに、現地のＮＧＯが救いの手を差し伸べてくれていたのだ。ＮＧＯが面倒を見ている子どもたちを取材するには許可証が必要で、通常は1週間以上発行までかかる。ところが、このＮＧＯは即刻許可をしてくれた。私の撮った昔の写真を見せたら、ＮＧＯがボンヘイと出会う前から私がボンヘイの取材をしていたことを理解してくれ、すぐに許可を与えてくれたのだ。このとき、仲良くなったケアマネージャーのチャントルさんとLINEの連絡先を交換、今後のボンヘイの様子を時々でいいから知らせてくれるように頼んで、カンボジアを離れた。

時々どころか、チャントルさんはこまめにボンヘイの様子を知らせてくれた。元気に遊んでいるボンヘイの写真も添付されていたりした。チャントルさん自身の可愛い娘さんの写真が送られてくることもあった。いつも楽しく前向きな報告だったのだ。ところが7月26日、とんでもなく痩せ細ったボンヘイの写真が送られてきた。その後は病院のベッドで横たわるボンヘイの写真ばかりになっていった。それでもボンヘイはベッドの上でピースサインをしていたりした。

8月になって「次の手術に失敗したら、もうボンヘイは帰って来られないかもしれない。覚悟しておいて」というメールが届く。8月3日、2人の妹（孤児院で暮らしていた。ボンヘイはＨＩＶに感染していたため孤児院には入れず、おばあちゃんが面倒を見ていた）に看取られボンヘイは亡くなってしまう。私にできたことは、ささやかな葬式をおこなうための費用をカンボジアに送ることだけだった。チャントルさんは葬儀の様子を写した写真を送ってくれた。今、ボンヘイの骨は小さな寺院に収められている。

２０１６年1月のボンヘイは、２００９年の初めての出会いのときと比べれば、格段にコミュニケーション能力が向上していた。昔よりもっとずっとわかりあえた気がするのだ。

ボンヘイは母子感染によるＨＩＶキャリアで、生まれつき耳が聞こえず、喋ることもできない。父親は失踪し、母親と祖母にも先立たれた。学校にも行けず、貧困のどん底にいた。子どもの経験する不幸のなかでもこれ以上の不幸はないのではないかという環

母子感染でHIVに感染し生まれたボンヘイ8歳。生まれつき耳が聞こえず、話すことができない

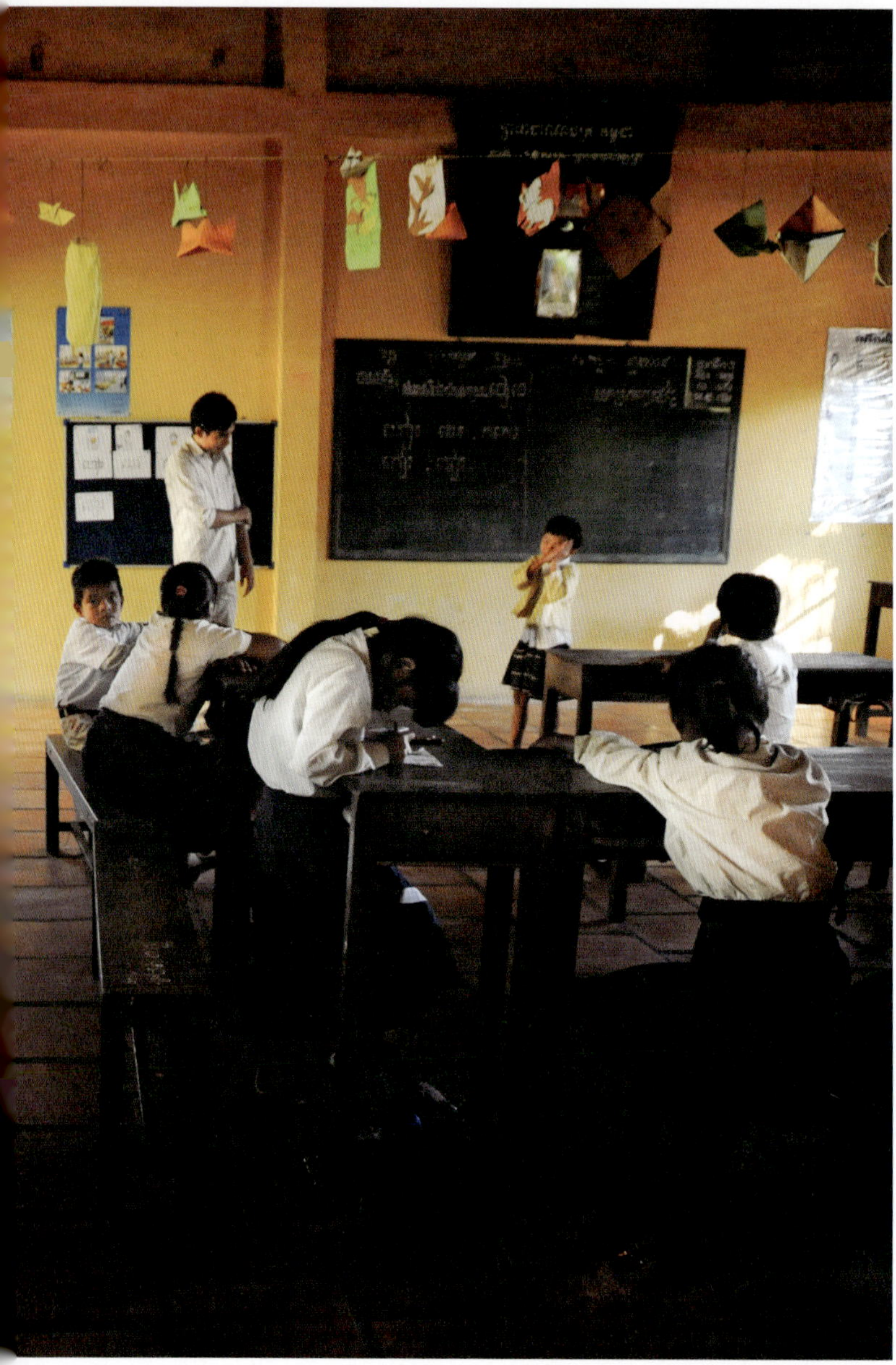

授業中に集中力がなくなり、毛糸を窓の格子に巻き付けて遊ぶボンヘイ

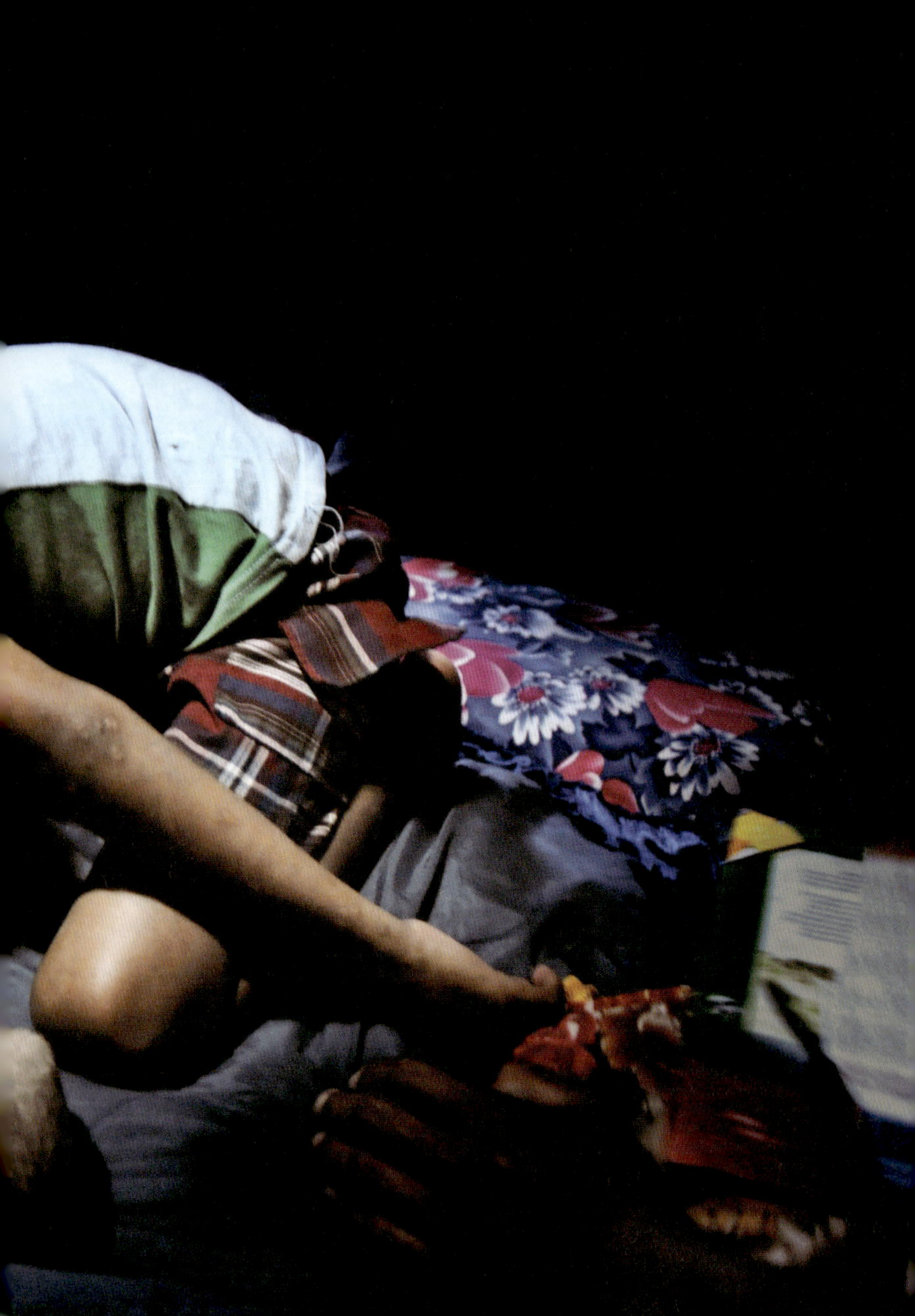

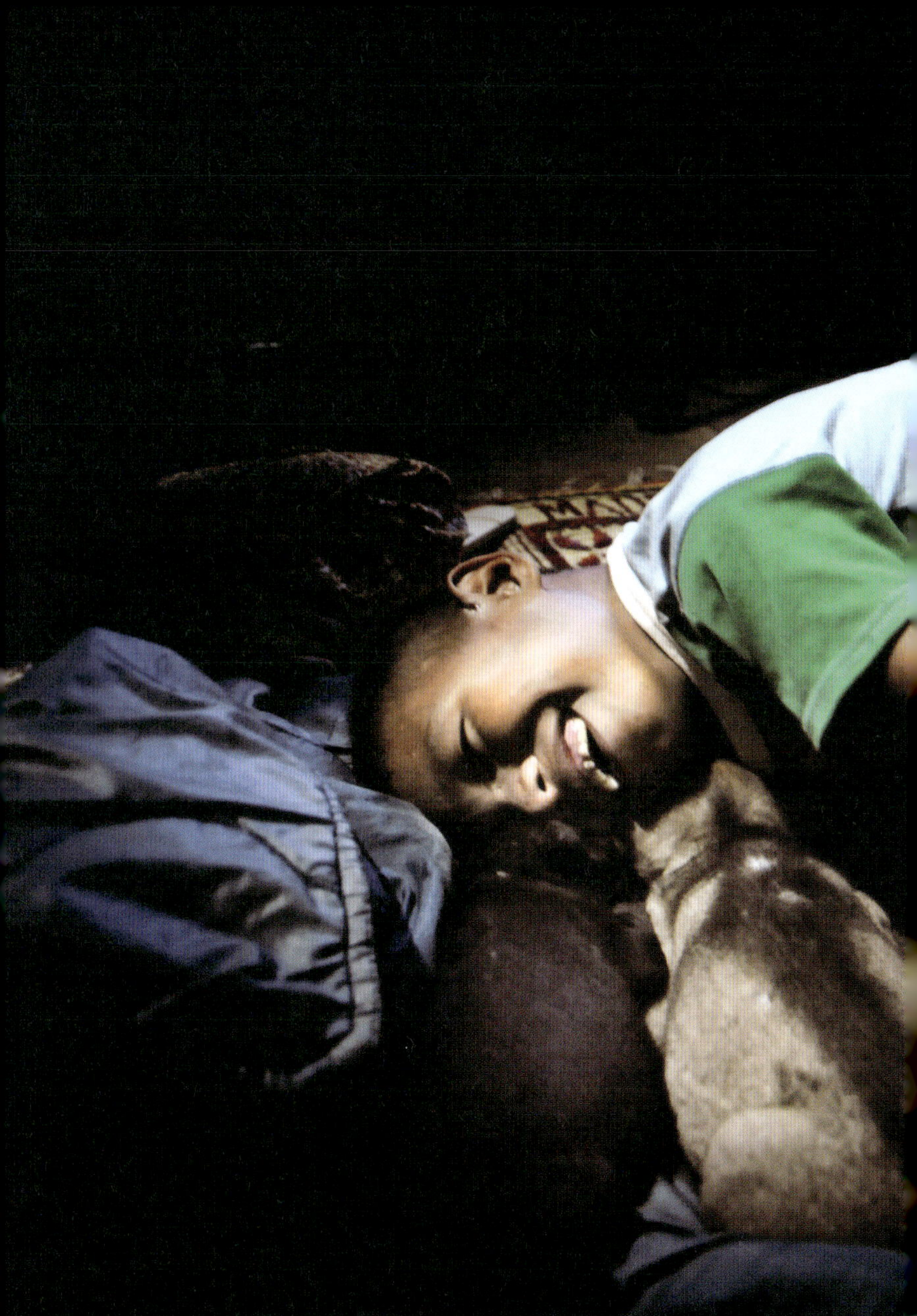

自宅に住み着いている犬に頬を寄せて微笑む８歳のボンヘイ

境のなかを生きてきた。でも、1月に会ったボンヘイはすごく生き生きしていた。路上で観光客などから手に入れたお金を彼よりも小さなストリートチルドレンたちに分け与えていた。彼なりに日常のなかで小さな幸せを見つけているのも垣間みた。

そんなボンヘイのことをわかってくれている人たち、そんなボンヘイを気にかけてくれるひとたちがいっぱいいるということも知った。今まで取材してきた人たちと、ずっと同じときを過ごしていくことはできないが、出会いの一つ一つを大切にしていきたい。

14 歳になったボンヘイと再会。孤児になったボンヘイをサポートする NGO が運営するカフェにて。ケアマネージャー、チャントルさん(右端)、滞在中ずっと運転をしていただいたドライバーのピトゥさんと

サフランボルで出会った女の子、エブラール

「世界のともだち24　トルコ」（偕成社）はいろいろな国の子どもたちの生活を写真家が撮りおろした子ども向けのシリーズ本の中の一点だ。取材対象者は写真家に任される。この仕事は、これまでに私がやってきたどんな撮影とも取材意図が異なるものだった。個人的なプロジェクトでもなく、雑誌社や新聞社からの一時的なアサインメントでもなかった。日本の子どもを読者対象にした本を出版するための取材だった。トルコはもともと好きな国の一つだったが、具体的にどこを取材したいというイメージがないままトルコに渡った。そこで、たまたま訪れた場所がサフランボルだったのである。この街で主人公になってくれる子どもと出会わなければ、別の街に移動しようかなと気軽に考えていた。

出会いがないまま3日が過ぎたのだが、たまたま乗ったタクシーの運転手さんが日本語のできる友達ヤコブさんを紹介してくれた。ヤコブさんはこの町の観光案内所で働いていた人で、この人が一緒に取材対象になる子ども探しを手伝ってくれることになった

のだ。

あちこちの小学校を訪ね歩いた結果、エブラールと出会った。取材依頼をしたら、彼女のお父さんから断られてしまったのだ。どうにも残念と街のカフェでヤコブさんと反省会をしていたら、このカフェのおかみさんがエブラールの家の親族で、電話をしてくれることになった。このカフェにエブラールのお母さんがやって来てくれて、取材ＯＫをもらうことができたのだ。人との出会いはいつも奇跡的である。

最初、エブラールの取材はうまくいかなかった。彼女は宗教心の強いおとなしい子だったし、英語も通じない。私もトルコ語が喋れない。ヤコブさんもずっと一緒にいられるわけではない。二人でピザを食べに行っても、黙り込んでしまうような状態だったのだ。でも、やっぱり女性同士同じ部屋で寝起きしているというのは強い。あっという間に仲良くなれた。深い話しを直接できなくても、お互い思っていることはなんとなく、わかるのである。次第に、ヤコブさんのやっている日本語教室で日本語を勉強したり、折り紙を習ったりしてくれるようにもなっていった。

今でも彼女は英語が話せず、私もトルコ語が話せないので、Facebookでのコミュニケーションにはお互いグーグル翻訳を使っている。絵文字の使用頻度も高い。それでも十分通じるし、楽しい。できあがった本をエブラールの家族が本当に大切にしてくれているること、そして、本を読んだ日本の読者がエブラールに手紙を書いてくれたことも知った。フォトジャーナリズムの分野ではないが、写真を通して人を繋げることに関わることができた、私個人にとっても素晴らしい経験になった。

サフランボル旧市街へ向かう草原を散歩するエブラール

近所のモスクで友達とコーランの勉強をするエブラール

ペンションを経営するエブラール一家。中庭で食べる朝食

取材が終わった後の関係

世界中に強くて深い人間関係が広がっていくこととどう向き合うか、は難しい問題だ。

取材で出会ったすべての人たちと頻繁に連絡をとりあうことは難しい。すべての取材対象者と意識的に定期的に連絡を取り続けることは不可能である。ニュース取材などの現場で一時的に取材をさせていただいた方たちの場合は、特にそうだ。それでもSNSで繋がっていれば、「元気?」「元気だよ」の一言だけの会話でも繋がっていることはできる。気軽に1秒、2秒でできるコミュニケーション手段はなるべく活用するようにしている。だからFacebook、LINEでつながっている人たちとは、案外繋がりを保てていると思う。問題はカンボジアのボンヘイのように、その環境にない人たちとのコミュニケーションかもしれない。ボンヘイは聞くことも、話すこともできない。メールも届けられない。会いに行くしかない。

パキスタンのセイダも同様に会いに行くしかないのだが、彼女が住んでいるのは首都イスラマバードからも遠く離れた場所だ。しかも、パキスタンの治安も不安定、会いに行くのは容易ではない。

一方、トルコで取材したエブラールは、しょっちゅう連絡を取り合っていないと傷ついてしまいそうな女の子（取材時10才）だ。

エブラールの取材は2013年の12月から始めて、2014年6月、8月と3回にわたっておこなった。彼女のお母さんは世界遺産サフランボル旧市街でペンションを営んでいる。私はこの取材でも、客室には泊まらず彼女の部屋に泊めてもらった。計3カ月にも及んだ取材中に私とエブラールはすっかり仲良くなった。取材が終わり、いよいよ日本に帰ることになったとき、エブラールは「もう二度と私に会いに来ないね」と泣き出してしまったのだ。

普段彼女とはFacebookでやりとりしているのだが、機会があれば会いに行くようにもしてきた。イラクのヤズディの取材はトルコ経由になるので、時間があればエブラールの顔を見に行く。そのたび、4日、5日、1週間と滞在してエブラールと過ごす。

サフランボルには日本語を話せるトルコ人も結構いて、取材中私も大学で日本語教室の先生を突然やることになったりもした。なぜかこの町にくると心が落ちつく。私のストレス解消にも役立っているのかもしれない。

日本人の友人だって、意識的にしょっちゅう連絡を取り合わなければ、繋がりが切れてしまうというわけではない。その機会がしばらくなかったとしても、私は長く時間を一緒に過ごした取材対象者のことを、ふと思い出すことは多い。

ちなみに取材に協力してくださった方々には、撮った写真をプリントして手渡すようにしている。基本はL判だが、いいなと思った写真はA4サイズにプリントして額装もする。カンボジアやパキスタンでは、そうした。彼らの多くは今まで生きてきた中で、撮られた写真が数枚という人たちだったから、プリントされた写真を本当に喜んで大切にしてくれる。パソコンを持っていて自分でプリントができる環境にある人たちにはデータだけを送る。USBなどにデータを入れて渡すこともある。キルギスでは、そうした。

写真集「ヤズディの祈り」は、取材協力をしてくれた人たちにもできるだけ本を届けた。イラクの故郷からドイツやアメリカに移り住んだヤズディの人々は、自分たちの写真が写真集に掲載されたことだけではなく、彼らの故郷であるイラクのシンガル山や村の風景が写っていることをことのほか喜んでくれた。

イラクでの取材中にお世話になった、ヤズディ教徒のアショールとバーフィ夫妻。ダーシュに故郷を追われ、元米軍通訳として働いていた息子たちとともに、アメリカへ避難した。出版したばかりの写真集「ヤズディの祈り」を手に取ってくれた

私の考えるいくつかの大切なこと

私の考えるいくつかの大切なこと

写真は「美しいもの」だけを撮るべきか

凄惨な写真、インパクトのある写真を過剰に見せる必要はまったくないと思う。その一方で、現実に起きていることを刺激的すぎるという理由で直視せず、目を背けてしまうということも危険だと思う。

例えば「ニューヨークタイムズ」は、フィリピンでおこなわれている麻薬撲滅運動の中で射殺された死体が何体も道路に転がっている写真を何ページにもわたって掲載したことがある。海外の大手メディアの中にはそのような写真が掲載されることが時々ある。

フォトジャーナリストがメディアからの依頼で「フィリピンの麻薬撲滅運動」を撮影に行くことになり、「そこで射殺行為がおこなわれていること」を伝える記事とともに写真が掲載される場合、死体を撮影することになるかもしれない。もちろん死体の写真がなくても、別の切り口でこの問題を伝える方法はあると思う。ただ大切なことは、その写真がどうメディアで扱われるかということだ。

東日本大震災の取材のときに、福島で撮影したある男性のご遺体（死後1カ月程度、顔は見えないようになっているが、髪の毛、履いていた靴下も残っていた）が写っている写真を撮影したことがあった。

この写真はドイツの「デア・シュピーゲル」誌からの依頼で取材中に撮影した写真の中の一枚だ。震災から数ヶ月後がたった頃、この写真をネットで見つけた、ある日本人作家がこの写真を雑誌に転載し評論を書いた。この記事（ゴッホの靴と死体の靴下をかぶらせたものだった）が私の意図するものとはまったく違った内容だった。掲載前に内容について連絡を受けていなかった私は大きな違和感を持ち、憤りも覚えた。直接彼自身と評論を掲載した出版社に抗議の電話をすることになった。それ以来、このような写真の扱いは慎重になった。写真の扱われ方によっては、醜悪なものに変貌してしまう。死体が写っている、写っていないにかかわらず、撮影した写真は大切に扱わなければならないのである。

「死体の写真は撮るべきではないし、発表するべきでもない」とは思わないし「死体の写真は発表すべき」だとも思わない。死体の写真に関わらず、少なくとも写真のインパクトだけを狙って、センセーショナルな写真を並び立てたりするのはどうかと思う。それでも「硫酸に焼かれた女性たち」がギャラリー側から拒絶された理由（一度、あるギャラリーから「血の見える写真」「インパクトが強すぎる」という理由で展示できないと断られたことがある）には納得がいかなかった。実際、展示をした際に、「僕、こういうの無理なんですよ」などと言われたことも少なからずある。

私は、硫酸に焼かれた女性たちの写真をインパクトがあるからという理由で取材をしたり、発表したかったわけではない。私は苦しみ悩んでいる彼女たちと一緒に生活していく中で、「被害者」としての彼女たちだけではなく、それを越えた彼女たちの存在や強さを伝えたいと思っただけなのだ。取材の過程で、彼女たちからこの現状を多くの人たちに知ってほしいと言われたことも何度もあった。私の撮った写真を彼女たちに見せ、発表することへの了解ももちろん得ている。

展示の際には、「インパクト」ばかりが先行しないように、私たちと同じように、人間として当たり前にある喜怒哀楽の感情がある彼女たちの姿を組写真で紹介したつもりだった。そのようにして撮影した写真に対し、ただ「醜い」とか「グロテスクだ」とだけ思われたのであれば、それは残念というしかない。

「写真は『美しいもの』だけを撮るべきだ」という感想を持つのは、ご自身も写真を撮っている方に多いように見受けられる。写真を撮っていない人の方がまっすぐに私の写真を受け止めてくれるような気がするのは、気のせいだろうか。

だからこそ、どういう媒体にどのように掲載されるか。どのようなタイトル、どのような文章、どのようなキャプションが書かれるのか。それが、とても大切になるのだ。

私はどうしても、そこのところに神経質になるのである。

写真の演出はどこまで許されるか

写真の演出はどこまで許されるのかは難しい問題である。ジャーナリズムの分野において、一般的にはポートレート撮影のときはある程度被写体に指示をしてもいいことになっている。

つまりポートレート撮影であれば、光がきれいに差し込んでくる時間帯に「この窓際に立って」と声をかけてもいいことになる。

2015年のワールドプレスフォト（世界報道写真財団）の「現代社会の問題」部門の受賞作が「The Dark Heart of Europe（欧州の闇）」をテーマにしたものだったことがある。写真家は欧州の都市が衰退しているということを表現した。例えば、町の片隅に肥満した中年男性が寂しげに座り込んでいる写真（町の未来を悲観するかのような）などが、組写真として発表された。

この受賞に対して、その市の市民が抗議した。「この町は廃れていってはいない」と。その町が廃れつつある町なのか否か、その人が人生に疲れ果てているか否か、同じ町を撮影しても、写真家の視点、写真のセレクトによって、寂しく暗い不幸な町にも見えるし、ほのぼのと時間がゆっくり流れる幸せな町にも見えるのだ。また、ある写真については「ヤラセ」ではないかという議論もおきた。ワールドプレスフォト財団は、当初は写真家の撮影方法に理解を示していたが、その後組写真で受賞した写真のうちの一枚が、その都市ではなくブリュッセルで撮影されていたことが判明し、受賞は撤回された。

ワールドプレスフォトの受賞作品で、カラーバランスをいじりすぎたということで一時的に議論になった作品もある。空爆で亡くなった子どもを布にくるんで運ぶ群衆を撮影したものだ。悲しげな空がほんのわずか強調されていた。コントラストも少し強められていた。一方、カラーで撮ったものをモノクロで発表することについては許されている。モノクロ写真で空の雲を象徴的に表現するために濃く焼き込むということも昔から誰もがしていたことだ。

ちなみに暗室のなかでおこなえる作業はレタッチでおこなってもいい、というルールも存在する。当然そこにないものを入れ込んだり、あるものを消し去ったりしてはいけないというルールもある。しかし、写真をアンダー目にしたりオーバー目にしたりするのはいいのだ。色味を濃くしたり、薄くしたりすることも許されることになる。それでも昼間の写真をすごくアンダー目（暗め）にして夜の写真のように演出するのは、やりすぎだと多くの人が言うだろう。どの程度まで意識的に写真を暗くすることは許されるのだろうか。とてもややこしい。最近はPhotoshopでの修正がどこまで許されるのかというガイドラインも示されるようになった。

きわめて難しい問題であることだけは間違いない。ただ、私はそういうことで、たくさんの議論が生まれることは悪いことではないと思う。私が日本のフォトジャーナリズムにおいてもっとも大きな問題だと思うのは、写真の演出についてだけでなく、フォトジャーナリズムの在り方や未来などについて、議論がほとんどなされないことだ。

写真家は真実を伝えることができるか

演出することによって、よりインパクトの強い写真をつくり出すことはできる。自分が伝えたいメッセージをより効果的に伝えるために、海外ではよりコンセプチュアルな写真表現が増えてきているのも事実だ。フォトジャーナリズムだけではなく、アート作品とも呼ばれることもある。そういう写真を全否定する必要もないとも思う。では、演出をしなければ「真実を切り取っている」と言えるだろうか？

私は、フォトジャーナリストとして単純に目の前で起きていることを切り取っていたとしても、「真実を切り取っている」「これが真実だ」などと、気軽に発言しないように意識している。

確かにフォトジャーナリストは目の前で現実に起こっているものだけを撮影しているかもしれない。けれど、目の前で起こっていない現実もいっぱいあるのだ。フレームの中に何を入れ込み、何を除外するかも、意識的ではなく無意識であっても撮影者の意思が働く。どの写真をセレクトし、どう並べるかによって伝わるメッセージも大きく左右される。フォトジャーナリストは自分で見てきたものを自分のやり方で伝えるしかないのだ。

例えば「キルギスの誘拐結婚」(日経ナショナル ジオグラフィック社)。取材中、私は誘拐結婚で不幸になった多くの人も見てきたし、一方誘拐結婚で幸せをつかんだカップルも少なくないということも見てきた。

写真集の中に、不幸なカップルをより多く掲載するか、幸せなカップルをより多く掲載するかは私次第なのである。「キルギスに女性の合意がない誘拐結婚はほとんど存在しない」と言う人もいるかもしれないが、私は合意がないアラ・カチュー(誘拐結婚)で近年結婚をした夫婦にたくさん出会った。不幸になった人もいるが、幸せをつかんだ人たちも少なからずいる。それらの写真は、いずれも写真集に載せている。

できあがった写真集は真実を語ってなどいない。そこには、私の見てきた「キルギスの誘拐結婚」があるだけだ。複雑なこの問題を複雑なままに紹介したいと思った。

フォトエディティング（写真編集）の重要性

写真は撮ることだけが重要なのではない。どんなヴィジョンがあるのか。撮ってきた大量の写真からどのようにして選び出すのか。それをどういう順番で並べるのかがとても大切だと考えている。どんな写真のワークショップも、写真を撮ることから始めるが、最終的には編集作業までやる。編集作業こそフォトジャーナリストにとって、もっとも心を砕かなければならない作業であると私は思っている。

長期的なプロジェクトが一段落し、掲載の相談のために編集者に写真を送るときにはほとんどのフォトジャーナリストが編集作業をおこないフォトストーリーとしてまとめた上で、プレゼンテーションをしているだろう。一枚の写真から伝わるものがあると思えば、単写真を送ることもあるかもしれないが、フォトジャーナリストないし写真家が長期的なプロジェクトにどう向き合っているか、ということは組写真の方が判断しやすい。

オランダのワールドフォトプレスがプロとして活動している、32歳以下の世界中の若手写真家から毎年12人を選んで招待する、Joop Swart Master Classというワークショップに以前参加する機会があった。その年のテーマは「Invisible」(不可視)。参加が決まってから、ワークショップ開催までの7ヶ月の間に、私を含めた12人のフォトジャーナリストそれぞれが、独自の解釈で「Invisible」をテーマに取材撮影をする。撮影した中から約100枚をプリントしてアムステルダムに持って行った。

ここには12人の写真家以外にも、米「ニューヨークタイムズ」紙のフォトエディター、数多くのフォトジャーナリストの写真集を手がける著名なブックデザイナー、写真と音声、動画を組み込んだ作品を作るマルチメディアプロデューサー、米「TIME」誌の契約写真家など、写真表現に関わるさまざまな分野の経験豊富な専門家も参加した。

ワークショップ開催中1週間の間に、取材・発表活動をする上での倫理の問題、これまでにこの本の中でも紹介しているような「写真の演出や画像編集がどこまで許されるか」という問題、フォトジャーナリズムの未来、ストーリーのコンセプトをどう組み立てていくか、それぞれのプロジェクトについてのプレゼンテーションなど、朝から夜遅くまで情熱的な議論が続いた。

その中で多くの時間を割いたのがフォトエディティング(写真編集)だった。それぞれが持ち寄った100枚の写真を1週間かけて、他の参加者たちと議論を重ねながら12

枚〜20枚のフォトストーリーとしてまとめるのだ。そのときに「ニューヨークタイムズ」のフォトエディターにしても、ブックデザイナーにしても、他の写真家にしても、相手の写真の編集作業に助言をするときには、けっして個人の写真の好みや視点を押し付けたりはしない。まずは取材してきた写真家がテーマに対して、どう向き合っているか、どういう視点を持って取り組んだのかを確認してから、どういう形で写真を選択し、並べていくのかを一緒に作業するのだ。

真剣に撮影した何百枚の写真のなかから50枚の写真を選び出すのはそれほど難しいことではないかもしれない。けれど、この50枚から20枚以下に絞り込むのはけっして簡単なことではない。絞り込んでいくプロセス、並べていくプロセスのなかにフォトジャーナリストとしての大きな「学び」が存在する。一つのテーマについて取材をし、長い時間をかけて何千枚、何万枚もの写真を撮影しても、その中からどの写真を選択し、どのように並べ、どの写真で始まりどの写真で終わるのか、それをどのように写真集などで発表するのかによって、取材してきたテーマの伝わり方がまったく異なるのだ。

オランダで開催された、世界報道写真財団 Joop Swart Masterclass のワークショップ

女性フォトジャーナリストであること

女性が社会的なテーマに関わる表現活動をおこなえば非難をされやすい。これはいつの時代にも言えることなのかもしれない。私自身がこれまでに発表活動をおこなう中で、伝えようとするテーマや写真の内容とはまったく関係のないこと―例えば服装や表情、話し方など、がフォーカスされ批判を受けることがあった。また、女性が一人で取材に出かけて行くことについて、「危なっかしい」とか、「危機管理を怠っているのではないか」という批判を受けることもあった。そもそも安全が100パーセント確保されている取材内容や地域など存在しない。どこに出かけて行くにしても、次の瞬間に想定外のことが起こりうるかもしれないということを想像しながら危険を回避するよう心がけて行動をしているつもりだ。

どんなに気をつけていても、自身のコントロールができないことで、何かが起きてしまうこともあるのだ。日本にはフリーランスの女性フォトジャーナリストはほとんどいないが、海外では私と同年代のフリーランスの女性記者やフォトジャーナリストが当たり前のように取材活動をしている。特に女性であるということで同業者から特別扱いされることもほとんどない。取材先で出会った何人もの女性記者たちと意見を交換し、刺激を受けることもあった。

私自身、現場で取材をしている時は、女性である自分自身を意識することはあまりない。あくまでフォトジャーナリストとして取材をしているのである。

「取材テーマとどのように出会うか」のところでも書いたが、女性だから女性の問題に自然と関心を持つということはあるのかもしれないが、特に意識して女性の人権問題に焦点を合わせてきたわけではない。それでも女性であったことは、幸運の一つであったと思うようにしている。私が女性でなければ受け入れてもらえなかったであろう取材先は今までにいくつもあったからだ。キルギスでは男子禁制の夫婦の寝室や分娩室にも入れてもらえた。そのためにキルギスでは出産シーンの撮影が可能になった。パキスタンでも、私が男性だったら硫酸の被害者の女性たちと何ヶ月も一緒に生活をともにするような取材はできなかったし、彼女たちの日常を撮影することもできなかったはずだ。

ただ、女性ではなく男性だから撮影がしやすい現場だってあるだろう。

いずれにしても、男性であろうと女性であろうと、フォトジャーナリストである限り、撮った写真、取材内容がすべてである、ということだけは間違いないと思っている。

フォトジャーナリストが目指していくもの

世界的に、フォトジャーナリストが生きていく環境は厳しいものになっているのは確かだ。それについてのディスカッションはたびたびおこなわれている。誰もが危機感を持っているのだ。

そんな中、フォトジャーナリズムの在り方が多様化しているのも確かだ。取材の現場で、写真だけでなく映像やサウンドを同時に記録するということはもはや当たり前になってきている。そして、イラクやリビアなどの戦地や南米のジャングルなど世界各地で取材するフォトジャーナリストたちは、インスタグラムを使って目の前に起きている現状、そして身近にある日常を切り取り、写真を投稿するようになった。作品を雑誌や新聞などの媒体だけではなく、ハンドメイドなどの繊細な写真集にして伝えることを主な発表方法としているフォトジャーナリストや写真家も多い。最近は、新しい写真表現の方法として、写真家自身が撮影した写真ではなく、歴史的な資料写真や家に眠っていた昔の写真、アンティークマーケットなどで手に入れたファウンド・フォトなどの写真を使って編集し、伝えたいメッセージを写真集などにまとめる手法も取り入れられてきている。いずれにしても、フォトジャーナリズムの分野においてもさまざまな表現方法が試されてきているのだ。

また、事件現場で衝撃的な一瞬を切り取る報道写真から、フォトジャーナリスト自身の視点から物語が紡ぎ出されるようなフォトジャーナリズムへと向かっているのも確かだ。つまり、フォトジャーナリストに対して「拘置所に収監されている極悪犯の盗撮に成功」「大洪水で流されていく家」というような、新聞の一面や写真週刊誌に載るような写真だけでなく、よりストーリー性のあるものが求められるようになってきている。取材するテーマにどのように向き合い記録するかというコンセプトが重要なのだ。

もちろん速報性のある情報は必要だ。新聞やテレビなど、日々変化する現地の情勢を伝える媒体のカメラマンは一枚に情報が凝縮される「力のある写真」を撮影するだろう。もしも刻々と状況が変化する現場でのアサインメントをニュース媒体から受ければ、私自身も現場の状況が一枚で伝わる「分かりやすい」写真を求めて撮影することもあると思う。

その一方で、目の前のでき事にただ反射してカメラを向けるだけではなく、じっくりと対象に向かい深く掘り下げられた取材がこの時代にはより必要とされているのではないかとも思うのだ。

カメラの存在自体が貴重だった半世紀以上前の時代と違い、今は中東の山岳部やアフリカの僻地で暮らす人々も携帯電話を使い簡単に写真や動画を撮影し、YouTubeやSNSなどに撮影した映像を投稿できる時代である。私がイラクで取材をした、ダーシュ（ダーシュ）に迫害を受けた中東の少数民族ヤズディの人々も、彼らの悲惨な体験を彼ら自身で記録しネットで配信しているのだ。そのような現場にフォトジャーナリストたちが入った時に、何をどう記録して伝えていくのかが問われていると私は思っている。

また、日本でフォトジャーナリストを目指す人たちの多くは、とりあえず発展途上国へ出かけて行き、「そこに生きる子どもたちの笑顔」を撮ればいいと思うかもしれない。もちろん私も取材先で子どもの笑顔に遭遇すれば、思わずシャッターを切ることもある。カメラを見た子どもたちは喜んで近づいてくることも多い。

日本では「もっと子どもたちの笑顔を撮って欲しい」と言われることは多いので、需要はあるのだろうけれど、私はこういった写真をフォトジャーナリズムとして紹介するのに抵抗を感じている。「子どもの笑顔が素晴らしい」のは当たり前だ。こういった写真を組写真の一部として使うことはあるかもしれないが、それを全体のメッセージとして紹介することに違和感を覚えてしまう。

もちろん旅人が個人的なブログの中で旅先で出会った人々の笑顔の写真を紹介することはあるだろう。しかし、フォトジャーナリストはそこで見たものに現実的に向き合って、どう伝えるかを考えなければいけないと個人的に感じている。

「子どもの笑顔」や、ただ「現場へ行った」、ということを証明するだけの写真は、見ているこちらがあたたかい気持ちになるだろうが、それよりもどういう思いでテーマを掘り下げていくかという強い思いやコンセプトが大切なのではないか。もちろんただ時間をかければいいということでもないし、密着すればいいという話しでもない。それぞれが真剣に向き合って写真でなにを物語るのか、社会のために何ができるのかを、考えなければいけないのだと私自身にも言い聞かせている。

独自の視点で伝える

「ヤズディの祈り」は静かな写真が多い。まずはヤズディの人々が暮らしていたシンガル山に散らばっているベルトや片方の靴、おもちゃの車、そしてヤズディの人々のポートレート、ダーシュに故郷を追われて避難生活を送っている難民キャンプなど現在の住居と前に住んでいたシンガル山の村にある自宅の風景を何枚か重ねている。それからヤズディの人々自身が撮影した、ダーシュが攻撃をする以前の平和だった頃の彼らの日常が写し出された写真。そこには誕生日会を祝うヤズディの人々、自宅の村でふざけた表情でカメラに目線を向けるヤズディの子ども、結婚式の写真など、当たり前にあったヤズディの何気ない平和な日常が垣間見られる。

そしてドイツへ渡ったヤズディがイラクからこっそり鞄に忍ばせてきた宝物の人形や時計など。ヤズディに起きた悲劇の全体を伝えるというよりは、ヤズディ個人の記憶の欠片をかき集めるようなアプローチで取材をしてきた。

最初にイラクで取材を始めたばかりの頃には、目の前に広がる「でき事」にただただ反応し撮影をしていた。ダーシュに壊された街、葬儀の写真など、見てすぐに何が起きているのかが分かる写真だ。取材でイラクを再訪し、個人的に知り合うヤズディも増えていく中で、「中東の戦争」「ヨーロッパに押し寄せる難民たち」といった国際ニュースに埋もれていく一人一人の存在にフォーカスしたいと思うようになった。

イラクで取材をしているジャーナリストはたくさんいる。速報性が求められるニュース報道に携わる写真記者やＴＶクルーは、とにかく今何が起こっているかということを伝えなくてはならない。しかし、そこでフリーランスである私が長期的な取材をするのであれば、その問題にどう向き合い何を伝えたいのかを真剣に考えなくてはいけないと思う。今は現地にいる人たちも現場の写真を撮っている。誰もが一眼レフカメラを持っているわけではないが、スマホはかなりの確率で持っているからだ。目の前で起こっているでき事を撮影しネットにアップするスピードはその場で写真を撮っている人にはかなわない。カメラを持って緊迫の現場に立っているということだけでは、それほど意味を持たないのだ。

独自の視点で伝えることができなければ、フリーのフォトジャーナリストの未来はないのかもしれない。その結果に対して、フォトジャーナリストが生活していけるかどう

ダーシュの攻撃を受けたヤズディの村人たちは、シンガル山頂を
目指し逃げた。途中の道中には落ちていた片方の靴

夫をダーシュに殺害された、19歳の母親ズィーナ。イラクの避難先で息子ビワ（クルド語で「家がない」という意味）に母乳を与える

難民としてドイツへ渡ったヤズディ教徒の高校生が、旅立つ前に親友から
プレゼントされイラクから持参した宝物の時計

ダーシュに故郷を追われたヤズディが、自宅から手に持って逃げた、平和だった頃の思い出の写真

か保障はない。ただ、何とかなると信じなければフォトジャーナリストという仕事を前向きに続けていくことはできなくなってしまう。別の言い方をすれば、「写真で食べていく」ということを期待せず、ある意味で開き直っていないと続けていくことができない仕事なのかもしれない。

衝撃な写真だけが何かを伝えられるわけではない

「キルギスの誘拐結婚」を発表した後に、連れ去られた女性が無理やり男性の家のなかに連れていかれる写真ばかりがメディアで紹介された。そのことにはずっと違和感を覚えていた。確かに「インパクト」のある写真ではあるが、あの写真がアラ・カチュー（「誘拐結婚」）を象徴するイメージの写真であっては欲しくないのだ。

女性の人生がそこで終わるわけでもなく、彼女たちの人生はその後も続いていく。アラ・カチューで結婚をした女性の結婚の日、新婚生活、そして妊娠出産を経験するところまで取材をしてきた。その一連のすべてがアラ・カチューの形だと私は思っている。そしてもちろんこの結婚の形の先には幸せになる女性もいれば、ＤＶなどに苦しみ夫と別れた女性たち、最悪の場合自ら命を絶つ女性たちもいるのだ。とても複雑なこの慣習を一枚の衝撃的な写真だけに象徴されたくないと思っている。ＴＶのバラエティー番組などで誘拐結婚が取り上げられる際には、「キルギスは有り得ない国だ」というようなイメージばかりが植えつけられやすい、単純に紹介されてしまうのはとても危険だと

キルギスで取材をした、アラ・カチューの12 枚組のフォトストーリー

冬、ソビエト時代に建てられたアパートの窓から漏れる光（キルギス）

学校へ登校する子どもたちとキルギス南部の村

アラ・カチューで結婚後、家庭内暴力に絶えきれず子どもを連れて実家に逃げて来た女性

交際に反対していた新婦の両親に結婚を認めさせるために、アラ・カチューの手段を使い結婚を決意したカップル

感じた。複雑な問題を複雑なまま伝えることも時には必要なのだ。読者や視聴者に誘拐結婚の複雑さ、日本とは違った文化や社会背景の中に存在する問題にどう向き合ったらいいかということを考えていただくきっかけにもなって欲しいと思った。

取材しているときは、取材にかかった費用は絶対に返ってこないだろうと思い、それでもいいからと納得のいくまで取材を続けてきたつもりだ。結果的には、取材で使った経費以上の掲載費を発表したさまざまな媒体から受け取ることになった。それでも費用対効果みたいなことだけを考えて取材をしていると必ず行き詰ってしまう。自分を信じて納得のいくまで取材を続けるしかない。

写真を通して「想像力を持って世界と関われる人」を増やせたら

写真は強力なコミュニケーションツールだ。

写真はなんらかのカタチで社会とつながっていくもの。写真を見ることを通して「想像力を持って世界と関われる人たち」が一人でも増えてくれたらいいなあ、と思っている。写真を通して間接的ではあっても、コミュニケーションの輪が拡がっていってほしい。写真に写っている人と、それを見ている人との間で、写真を通してなにかしらの会話が成立して欲しいと願っている。

日本において、大手のメディアとフリーランスのフォトジャーナリストが協力し合ってコラボレーション作品を発表できるような環境ができると面白いと思う。海外にはそういうコラボが多数存在する。日本はフリーランスのジャーナリストが孤立しているように思う。

残念ながら、多くの若手フォトジャーナリストが海外に拠点を移しているのもが現実だ。海外ではさまざまな財団が、写真の持つポテンシャルを深く理解してくれているようで、フォトジャーナリストたちに数多くの支援システムを提供していたりもする。写真が世の中をよい方向に変えていく一助となることを、信じていてくれているのだ。

私は、フリーランスのフォトジャーナリストをもっと経済的に支援してほしいと言いたいわけではない。日本でも、社会とメディア、フリーランスが共存できる仕組みはできていかないものか、と考えているだけだ。その方法は模索中だ。

もちろん、写真家業界が権威化して、権力を持つものがすべてを支配するようになるのは最悪だ。写真家の世界はあくまで自由でフェアであってほしい。

多くのフォトジャーナリストは、写真の収入だけで食べていくことがままならず、アルバイトをしてお金を貯めては自分のテーマを追い続けている。私もこの仕事を始める前、それでいいと思っていた。もちろん、写真で収入があった方がいいとは思うけれど、最悪収入がゼロであってもしかたないと覚悟はしていたのだ。日本ではフォトジャーナリストが仕事に専念できる環境・基盤がないといっていいだろう。同世代のフォトジャーナリストもほとんどいない。

フォトジャーナリストの存在を世間は必要としていないのか?

その人にしかできない独自のアプローチ、そして多様な表現方法が受け入れられていってほしいと願っている。より複雑になっていく世界にこれからのフォトジャーナリストがどう向き合って伝えていくか。その過程の中で、独特なアプローチやコンセプトそして、さまざまな表現手法が増えて行けば、より多くの議論が生じるだろう。地球上で起きているさまざまな問題について、もっと深く考えたり、様々な議論がなされるようになれば、世の中が少しずつ変わっていくのではないだろうか。

人は「優しさ」や「怒り」「哀しみ」など、いろんな感情に触れると、それを伝えたいという気持ちがふつふつと湧いてくるものなのである。

キルギス
イラク
カンボジア（シェムリアップ）
トルコ
パキスタン（イスラマバード）
ドイツ

本書に登場した国

林 典子（ハヤシ ノリコ）

フォトジャーナリスト。国際政治学、紛争・平和構築学を専攻していた大学時代に西アフリカ、ガンビア共和国の新聞社「The Point」紙で写真を撮り始める。以降、国内外で取材活動をおこなう。ナショナル ジオグラフィック日本版、ワシントンポスト紙、デア・シュピーゲル誌、ニューズウィーク誌、デイズジャパン、マリ・クレール誌、GEO、ル・モンド紙などに寄稿。11年名取洋之助写真賞、12年DAYS国際フォトジャーナリズム大賞、13年フランス世界報道写真祭Visa Pour L'Image報道写真特集部門金賞、14年全米報道写真家協会Best of Photojournalism現代社会部門1位、三木淳賞、15年World Press Photo Joop Swart Masterclass選出、17年石橋湛山記念 早稲田ジャーナリズム大賞など受賞。イギリスのフォト・エージェンシー「Panos Pictures」所属。

著書

- 『フォト・ドキュメンタリー 人間の尊厳 ―いま、この世界の片隅で』（岩波新書）
- 写真集『ヤズディの祈り』（赤々舎）
- 写真集『キルギスの誘拐結婚』（日経ナショナル ジオグラフィック社）
- 写真絵本『世界のともだち　トルコ：エブラールのペンション』（偕成社）

フォトジャーナリストの視点

著者　林 典子

2018年4月18日　第1刷発行

発行者　安在美佐緒
発行所　雷鳥社

〒167-0043
東京杉並区上荻 2-4-12
TEL 03-5303-9766
FAX 03-5303-9567
HP http://www.raichosha.co.jp/
E-mail info@raichosha.co.jp
郵便振替 00110-9-97086

編集　柳谷杞一郎
デザイン　望月竜馬
印刷・製本　シナノ印刷株式会社

ISBN 978-4-8441-3742-9 C0000